BRAIN & MENTAL TRAINING

No.1 メンタルトレーニング

本番で最高の力を発揮する最強の自分をつくる

西田文郎
nishida fumio

現代書林

まえがき

▼「メンタルトレーニング」は自分の可能性を引き出す

ソフトボールが五輪種目になって以来、ずっと表彰式のメインポールにはアメリカの国旗が掲げられてきました。日本女子ソフトボール代表がはじめてアメリカを下し、悲願の優勝を果たした先の北京オリンピック。あの感動シーンは、みなさんの記憶にまだ新しいと思います。その日本チームが帰国して、開かれた祝勝会でのことです。

選手の1人が、1年にわたって日本代表のメンタルトレーニングを担当した私どものトレーナーの手を握っていいました。

「ありがとうございます。このメダルは、私たちだけで取ったわけじゃない。トレーナーと一緒に取ったものだと思っています」

そういって胸に下がった金メダルを外し、トレーナーの首にかけてくれました。メンタルトレーナーが味わう最高の喜びです。

そういう喜びをこれまで数多く体験させてもらいました。

みなさんもご存じの例をあげれば、女子バスケットのシャンソンが達成した10年連続日本一の記録もそのひとつです。最初にシャンソンの指導に入ったとき、「きみたちは必ずナンバー1になる。オリンピックに出場する選手も、ここにはたくさんにいる」と高らかに宣言した私を、「そんな調子のいいことといって」といいたげな目で、不信感あらわに見ていた彼女たちの顔を今も思い出します。その彼女たちが奇跡の10連覇を成し遂げ、五輪代表を何人も送り出し、文字通りのナンバー1にのぼりつめました。

また、それまで無名だった駒大苫小牧高校野球部が甲子園で、全国4000校のトップに立ったときの喜び。指導初日、「全国制覇を目指せ。必ずできる」と熱く語りかけると、「甲子園より地区大会で勝つことを教えてほしい」という、ガックリくるような反応が返ってくるチームでした。深紅の優勝旗を先頭に、胸を張って北海道に凱旋を果たしたのはその同じ選手たちです。

もうひとつ、静岡聖光学院という高校をご存知でしょうか。ラグビーファンなら、「ああ、あの学校か」と思い出す名前でしょう。2010年の花園に出場したこの学校は、中高一貫の進学校で、部活動が厳しく制限されていました。信じられないでしょうが、基本的には週2日、1日2時間。しかも1時間は他の部活とのグランド共用です。ふつうなら1日中、汗と土にまみれて練習に集中するのが当たり前の夏休みさえ、3週間は部活を禁じられます。常識的には、とても花園に出場できる練習量ではありません。

このチームにいい続けたのは、「環境のせいにするな!」でした。

「環境のせいにするなら自分が変われ。夢にチャレンジし、実現した人間は、不可能なことなど何もないと知っている。きみたちに限界なんてない。それは自分の頭の中にあるだけだ。挫けそうになったら仲間を信じろ！　監督を信じろ！」

けれど、県大会決勝戦で9連覇を目指す強豪東海大翔洋を打ち破り、花園へのキップを手にしたときは、私も思わず「やった！」と叫びました。「あの練習時間でよくぞ」と、さすがに信じられない思いがしたものです。

こうした例が物語っているのは、「人には無限の可能性がある」ということです。使い古された言葉ですが、この言葉は真実だという証明をたくさん目撃してきました。

メンタルトレーニングとは、自分の可能性を引き出す方法です。

もちろんここにあげたような華々しい例だけではありません。それまで根性も根気も、また気力もなく、漫然と練習に参加していた高校スポーツの選手。彼らが生まれ変わったように目標を胸にいだき、それに向かってイキイキと取り組みはじめる。結果はどうあれ、そういう選手も駒大苫小牧や静岡聖光学院の選手たちと同様、私の誇りです。

誰でも無限の可能性を持っています。

しかしそれを引き出すには、ひとつだけ条件があるのです。自分の心をコントロールできるということです。それができた人間だけが、自分の可能性を掘り起こせます。トップアスリートとは、そのコントロールが他の選手よりほんの少しうまかった人のことです。

実際、これができなければ、ハードな練習に耐えて実力を蓄えることもできないし、試合中、歯を食いしばって、絶体絶命のピンチを乗り越えることもできないでしょう。現状に妥協し、今の自分に妥協するしかありません。

――自分の心をコントロールする

その方法を学ぶのがメンタルトレーニングです。

従来のメンタルトレーニングは、心理学的なテクニックを使いながら、おもに試合における競技力アップのために行うものでした。ここで紹介する「ブレイン&メンタルトレーニング」も、競技力アップのためにいろいろなテクニックを使います。しかし、それだけではありません。

本文に入る前に、従来のメンタルトレーニングとの違いに少しふれておきましょう。

▼テクニックだけの「メンタルトレーニング」は壁にぶつかる

スポーツ心理学という言葉は、スポーツ選手ならみんな知っていると思います。しかし私がメンタルトレーニングの研究を始めた30数年前は、この言葉もまだ一般的ではありませんでした。その資料もなく、学校や実業団のチームを訪ね歩きながら基礎データを収集し、運動選手の心と能力の関係を一から調べました。

そんな私からすれば、現在はメンタルトレーニングの花盛りです。プロや実業団はもちろん、中学や高校でもそれを採用するところが少なくありません。

けれど、いささか疑問がないわけではありません。今日のメンタルトレーニングは、欧米流の心理テクニックが中心です。しかし心理テクニックに頼るだけでは限界があります。というのも私自身、欧米流のメンタルトレーニングを行っていた初期には、大きな壁に何度もぶつかったからです。

・目標設定やそのイメージングだけでは、選手のモチベーションは十分に高まらない。
・心理的トレーニングが効果を発揮するのは、もともとそれを教えなくてもできているような、ほんのひと握りの心理的に優秀なアスリートであり、選手層のほとんどを占める一般の選手にはあまり効果がない。
・さまざまな競技経験を積んだベテランは、メンタルトレーニングの意義を理解できるが、高校生のような若い世代は容易に理解できず、なかなか本気で取り組めない。
・アスリートとしてのステージを高めるには人間的成長が不可欠だが、心理テクニックだけでは選手の〝内面〟までは変わらない。
・心理テクニックでは、選手が陥るバーンアウト（燃え尽き）の克服が難しい。
・心理的な手法が効果をあらわすまでには、相当な時間がかかる。

欧米流の心理テクニックを用いながら、より効果的なトレーニング法を模索していた私が直面した問題点。それを整理すれば、およそ以上のようなものです。

今、メンタルトレーニングを指導するトレーナーや、それを採用している監督・コーチの中にも、同様の悩みをかかえるケースが多いと思います。しかし多くの場合、メンタルトレーニングを行っているという、そのことに満足してしまい、こうした問題点にまではなかなか気づけないようです。

行き届いた注意力と細やかな配慮をもって、ありのままに選手を見ている指導者であれば、おそらくこれらの問題に気づいているのではないでしょうか。

「心理学的な手法で達成できるのは表面的なものに過ぎない」

私はそう考えました。

これまでの手法をより効果的なものにするためにも、ブレイン（脳）の領域に踏み込み、脳の仕組みを活用する必要があったのです。

▼なぜ「ブレイン&メンタルトレーニング」は成果を上げられるのか

以前、ある大学の柔道部から指導の依頼があり、ブレイン&メンタルトレーニングの話をしたことがあります。元日本代表で、金メダリストでもある監督がそれを聞いて、「若いころ、これを知っていたらなあ」とつぶやいた言葉を思い出します。

トップアスリートほど、自分の心をコントロールすることの大切さを知り、その難しさを知っています。試合の場で実力を最高に発揮させるのも、苦しい練習に耐えさせ、効果的にスキルアップさせるのも、じつは私たちの心です。

私たちの心は、①感情、②イメージ、③思考の3つからできています。従来のメンタルトレーニングは、そのうちのイメージと思考を変えることで、選手としての能力を高めようとするものでした。しかしこの2つだけでは、心はコントロールできません。それがこれまでのトレーニングがもうひとつ効果を出せなかった理由です。

私たちの感情は、心のエネルギーそのものです。どうしたらそのエネルギーを利用して、スポーツ選手の能力を高められるか。

ブレイン&メンタルトレーニングが大きな成果を上げているのは、私たちの感情を支配している「感情脳」といわれる部分に注目し、そこにアプローチする方法を開発してきたからです。この本の中には、実際の試合や練習に即して、その方法を具体的にわかりやすく述べてあります。それをマスターするだけで、選手のみなさんは今よりもっと優秀な選手になれるはずです。

本文にも書きましたが、優秀な選手とは、「試合でいかんなく実力を発揮できる選手」であると同時に、「実力をもっと蓄え、もっと伸びていける選手」のことです。つまり、ブレイン&メンタルトレーニングは、〝最高の自分〟に近づく方法なのです。これを読んでみなさんも、ぜひ今日よりさらに優秀な選手になっていただきたいと思います。

なおこの本は、みなさんがスペースに書き込みながら読み進むかたちになっています。どうか面倒くさがらずに、その作業を行ってください。そうすればこの本は、一般的なメンタルトレーニングの本ではなく、〝あなたのため〟に書かれた本になります。また、それを行うだけで読み終わったときには、メンタルトレーニングの基礎ができ上がるように工夫してあります。

みなさんには、きっとスポーツ選手としての夢や目標があるでしょう。この本が、その夢や目標の実現にみなさんを一歩も二歩も近づけることを信じています。

No.1メンタルトレーニング●目次

まえがき 001

第1章 優秀なアスリートになるための4つの条件

メンタル次第で能力には大きな差がつく

1-1 能力には保有能力と発揮能力がある

優秀な選手と一般的な選手との違い

今よりもっと活躍できる選手になれる 018
人間が持っている基本的な2つの能力 020
ベストプレーができない本当の理由 021
「活躍できる選手」と「活躍できない選手」の違い 023
「伸びる選手」と「伸びきれない選手」の違い 024
能力は「心のあり方」で大きく変わる 028
メンタルトレーニングで「最強思考」をつくる 030

1-2
優秀なアスリートになる条件①
ワクワクできる目標を設定する

ワクワクするとはどういうことか 032
なぜ〝ワクワク〟は発揮能力を高めるのか 034
ワクワク感は伸びる選手をつくる 036
ワクワク感のない脳はストレスだらけになる 037
強い選手・強いチームがますます強くなる理由 039
まずはワクワクする目標を設定することから始める 040

1-3
優秀なアスリートになる条件②
詰める能力を高いレベルにする

目標だけではただの〝おめでたい人〟 043
処理目標によってプロセスが明らかになる 045
「詰める能力」で選手は格段にレベルアップする 048
スポーツ選手は3つのタイプに分けられる 049
「詰める能力」の高い選手は人のせいにしない 051
脳への問いかけが「最強思考」をつくる 053
選手としての〝質〟を高める最高の問いかけ 056

1-4
優秀なアスリートになる条件③
クリアリング能力を身につける

トップアスリートは「忘れる能力」が高い 058
成功の喜びも忘れたほうがよい 060

日々の練習にも〝忘れる〟作業が必要 062
能力を抑え込む「心理的限界」を突破する 064

1-5
優秀なアスリートになる条件④
素直な負けず嫌いという特性を持つ
優れた選手に必要な2つの人間的要素 067
優秀なアスリートはみんな負けず嫌い 068
素直さがないとストレスに負けることになる 071
世界チャンピオンの一番の敵は不満だった 073
人間的成長なくして能力のアップはない 076

第2章 脳の仕組みを利用した最新のトレーニング

感情のスイッチをプラスにして心を変える

2-1
勝負を左右する脳の仕組み①
上手に脳を使う人がスポーツでも成功する
スポーツは頭でするもの 080
意外とシンプルな脳の仕組み 082
実行力は感情に左右されてしまう 087

2-2
勝負を左右する脳の仕組み②
脳には感情を切り替えるスイッチがある
自分の心を自由にコントロールする 089
感情の切り替えができたからトップ選手になれた 093
扁桃核をコントロールして心をコントロールする 095

2-3
メンタルトレーニングの基本ステップ①
プラスデータを脳に入力する
脳は「入力」と「出力」で動いている 098
私たちは過去にとらわれている 099
脳は現実とイメージを区別できない 102

2-4
メンタルトレーニングの基本ステップ②
3つの道具を使って心をコントロールする
プラスに変わった心を維持する 109
セルフトーク——言葉には不思議な力があった 110
ボディ・ランゲージ——ガッツポーズは心まで変えていた 115
イメージング——脳はイメージを実現しようとする 123

第3章 最適戦闘状態をつくる最強のトレーニング

3つのプロセスで心と体を完璧に仕上げる

3-1 メンタルを変えるとゾーン状態になれる

三気法の基本的な考え方①

三気法で心と体の「最適戦闘状態」をつくる 134
集中とリラックスが共存する「ゾーン」状態 136
ベストパフォーマンスを可能にするメンタリティ 139

3-2 3つのプロセスが最適戦闘状態をつくる

三気法の基本的な考え方②

個人の心理を超えた「気」の存在 144
三気法のプロセスは火山の噴火と同じ 147
メンタルトレーニングを取り入れても失敗する原因 149
三気法は保有能力も発揮能力も高められる 151

3-3 三気法の土台「気を蓄える」

最強メンタルトレーニングのプロセス①

まずは心のエネルギーを蓄える 152
悪いストレスをなくすリラクセーション 153

身のまわりから外気を取り込む 158
感動力が「気」をわき上がらせる 162

3-4
最強メンタルトレーニングのプロセス②
三気法の要「気を練る」
心のエネルギーを実戦的なパワーに変える 165
「気」を練って根性・根気をつける 166
未来の自分から今を見る 169
イメージを持って練習する 172
理屈なしのイメージでメンタルリハーサルをする 174

3-5
最強メンタルトレーニングのプロセス③
三気法の仕上げ「気を締める」
最後に「最適戦闘状態」をつくる 180
練られていない「気」は締めても不発に終わる 181
最高に頑張れる「ガッツ脳」をつくる 183
三気法は3つの段階を経て完璧に仕上がる 191

第4章
本番で絶好調になれる最高のトレーニング
試合中でも心は自由にコントロールできる

4-1
気を制する者が試合を制する理由
本番ではメンタルの差が勝敗を分ける
魔物の正体は「気」だった 194
メンタルが勝敗を決める恐ろしさ 195
刻々と変化する試合中にも使える三気法 198
勝敗の8割は試合前に決まる 200

4-2
本番前のトレーニング ビトウィンゲーム①
前の結果は忘れて絶好調で試合にのぞむ
試合が終わったあとにすべきこと 202
「クリアリング・イマージュリー」で戦う心をつくる 207
「クリアリング・シート」で決意を新たにする 213

4-3
本番前のトレーニング ビトウィンゲーム②
準備を万全にして最高のプレーをする
試合は〝前夜〟から始まっている 215
あらかじめ「メンタルナビ」をつくっておく 216

4-4
本番でのトレーニング ビトウィンプレー
試合中の心を思い通りにする
わずかな時間で心を立て直す 225
3秒で心身のコンディションを変える 227

4-5
日々の練習におけるトレーニング
メンタルへの意識が能力を伸ばす
毎日の練習にも三気法を活用する 230
練習成果を上げるためのメンタルトレーニング 231

巻末資料

メンタルチェック 238
腹式呼吸法　ドリカム・ヒーリング 239
目標達成のイマージュリー 241
クリアリング・シート 245
メンタルナビ・シート 246

あとがき 247

第1章

優秀なアスリートになるための4つの条件

メンタル次第で能力には大きな差がつく

1-1

優秀な選手と一般的な選手との違い

能力には保有能力と発揮能力がある

BRAIN & MENTAL TRAINING

今よりもっと活躍できる選手になれる

スポーツ選手なら誰でも、「優秀な選手になりたい」と望んでいるはずです。「レギュラー選手になりたい」「チームの主力選手として活躍したい」「インターカレッジや国体に出場して、いい記録を出したい」

あるいは、「一流のプロ選手になりたい」とか「日本代表になって、オリンピックのような国際舞台で活躍したい」と願っている人もいるでしょう。

目指すところは、今その選手がどんな位置にいるかで違ってきます。けれど競技スポーツの選手であれば、それぞれのレベルで〝もっと優れた選手〟になることを目指し、日々の練習に取り組んでいるはずです。メンタルトレーニングをひと言でいえば、現在の自分より、〝もっと優れた選手〟になるための方法です。

では、「優秀な選手」とは、どのような選手でしょうか。

生まれつき身体能力の高い選手のことでしょうか。しかし、現場でメンタルトレーニングを長年指導してきた私の目から見ると、生まれつき身体能力の高い、素質のある選手が必ずしも優秀な選手というわけではありません。

監督やコーチが、「あの子は素質がある」と太鼓判を押すような選手が、その後、伸びきれず、ごく平凡な選手で終わってしまったり、「素質がない」と見られていた選手がぐんぐん伸びて、もともと身体能力の高かった選手を追い抜いてしまったりと、そんなことが日常的に起きているのが競技スポーツの世界です。

どんな素晴らしい素質も、日々伸びていく実力にはかなわないのです。

——今日の実力を明日はもっと伸ばせる。日々進歩していける

これが優秀なスポーツ選手がそなえている第一の要件です。

けれど努力してせっかく蓄えた実力も、肝心な試合や大会で存分に発揮できなければ、優れた選手とはいえません。スポーツの場合、主要な大会はシーズンに2つか3つです。どの選手も、それを目指して一生懸命に練習を重ねています。ところがプレッシャーに弱いとか、大舞台で緊張しやすいとか、またピンチやチャンスで動揺し、イザというときに活躍できないとしたら、何のために苦しい練習に耐え、頑張ってきたのかわかりません。

――今の実力を試合でいかんなく発揮し、活躍できる

優秀な選手に必要な第二の要件はこれです。

つまり優秀な選手とは、「伸びる選手」であると同時に、「試合で活躍できる選手」です。

――優秀な選手 ＝ 伸びる ＋ 活躍できる

今より、もっと伸びるにはどうしたらよいか。また、どうしたら今より活躍できるか。その方法を具体的に学ぶのがメンタルトレーニングです。

人間が持っている基本的な2つの能力

スポーツに限らず、人間には2つの基本的な能力があります。

- **実力を蓄え、それを着実に伸ばしていく「保有能力」**
- **その実力を本番で発揮する「発揮能力」**

選手の実力をタンクの中のガソリンにたとえてみましょう。タンクの中にため込んだガソリンを完全燃焼させ、ムダなく使えるのが「**発揮能力**」の高さです。その能力が低ければ不完全燃焼になり、自動車も不完全燃焼ではフルスピードで走れません。

一方、「**保有能力**」は、実力というガソリンをタンクの中にためる能力、さらにはタンクの器そのものを大きくし、ガソリンをどんどん増やしていく能力です。もともとの量が少なくては、どんなに完全燃焼させても遠くへは行けません

日々の練習でガソリンを増やし(保有能力)、イザ本番でそれを完全に燃焼させられる(発揮能力)のが優れた選手です。

ベストプレーができない本当の理由

選手のみなさんは、練習試合を含め1年に多くの試合を経験すると思います。その中で自分のベストを出しきり、「最高の試合だった」「最高のプレーができた」といえるゲームはどのくらいあるでしょうか。

あらためて振り返ってみると、意外に少ないことに気づくはずです。「もっと実力が出せたら違った結果になった」と思える試合が、たぶん多いのではないでしょうか。タンクの中身を使いきれないまま、不完全燃焼で終わってしまった。そんな悔いの残る試合がい

くつもあるに違いありません。

しかし一方には、「今日のゲームは最高だった」「絶好調だった」といえる試合も、いくつかあるはずです。つまり同じ選手でも実力をいかんなく発揮できるケースと、あまり発揮できなかったケースとがあるのです。

「選手の発揮能力は試合ごとに違う」といってもいいでしょう。

どうしてそんな違いがあるのでしょうか。実力を発揮できなかった試合を選手に振り返ってもらうと、いろいろな原因が出てきます。「対戦相手が強敵でビビってしまった」「チームメイトが凡ミスばかりするので集中できなかった」「アウェーで敵の応援が多く、のまれてしまった」、あるいは「体調が悪かった」というのもあります。

原因をまわりに探せば、いくらでもあげられます。

しかしそれらは、実力を出しきれなかった原因というより、そのきっかけに過ぎません。それによってビビッたり、集中力を欠いたり、場にのまれてしまった。つまり「心が負けた」というのが、ベストプレーができなかった本当の原因です。

「体調の悪さ」さえ、必ずしもいいわけになりません。

たとえば、北京オリンピックで優勝した女子ソフトでも、上野由岐子投手の指は連投でできたマメが破れ、投球時に肉片が飛ぶほどの状態でした。にもかかわらず2日間3試合413球を投げ抜いて、絶対勝てないと見られていた強敵アメリカを下し、金メダルの栄冠に輝きました。また、決勝進出をかけたオーストラリア戦でサヨナラヒットを放ったショートの西山麗選手も、重い心臓病をかかえ、「グランドで倒れ、そのまま死んでもいい」という覚悟で出場していたのです。

つまり発揮能力の高さは、対戦相手やまわりの環境、体のコンディションでは決まらないということです。それは選手の心の状態で決まります。そのことを無視し、いろいろな条件のせいにしている限り、いつまでも発揮能力は高まりません。

「活躍できる選手」と「活躍できない選手」の違い

トップアスリートといわれる人たちは、どんなときもベストパフォーマンスを発揮できるように、上手に自分の心をコントロールしています。

たとえば、絶体絶命のピンチに立たされても、普通の選手のように「ああ、もうダメだ」「負けるかもしれない」とは思いません。仮に思ったとしても、それをすぐ切り替えています。発揮能力は、心の状態に大きく左右されることを知っているからです。

「よし、面白い。このピンチをチャンスに変えてやろう」

「このピンチをハネのけたら、おれって相当カッコいいぞ」

そして、本当にその気になってしまう。簡単そうに思えますが、この、「本当にその気になる」というのが非常に難しいのです。

しかし彼らも、そんなことが最初からできたわけではありません。多くの試合経験を積む中で発揮能力と心の関係に気づき、少しずつ自分の心をコントロールする術を身につけていきました。それができなければ、トップアスリートにはとてもなれません。

実際、プロの世界にも「10年、20年に1人の逸材」といわれながら、1軍と2軍を行き来して終わってしまう選手がいます。トップアスリートは、そういう選手より、自分のメンタル面に対する意識がほんの少し高かっただけです。

タンクの中のガソリンを完全燃焼させるのは、しっかり整備されたエンジンですね。心というのは、体を動かすエンジンです。心を整え、それをコントロールする技術がなければ、自分の実力をいつも最高に発揮することはできません。

その技術を学び、身につけるのがメンタルトレーニングです。

これまでガソリンを60%、70%しか使えなかった人が、90%、100%使えるようになるだけで、もっと活躍できる選手になれるのです。

「伸びる選手」と「伸びきれない選手」の違い

けれど、30リットルのタンクしかない軽自動車がその中身を使いきるより、たとえ半分しか使えなくても、70リットル、80リットルのガソリンを蓄えられるタンクのある、大型自動車のほうがずっとパワフルです。

大きなタンクの中に、たっぷりガソリンを蓄えるのが「保有能力」です。

世間では、試合で華々しい活躍をする、発揮能力の高い選手が注目されがちです。しかし日々の練習の中で実力を養い、それをさらに伸ばせなければ、優秀な選手とはいえません。いつか必ず伸びる選手に追いつかれ、追い抜かれてしまいます。

つまり発揮だけでは限界があるのです。

たとえば、中学や高校で脚光を浴び、まわりからも将来を期待されながら、伸びきれないままやめてしまう選手がたくさんいます。逆にマラソンの高橋尚子さんのように、若いときはまったくノーマークだった無名の選手が、その後、着実に伸びて、何年かのちには世界のトップアスリートに育つこともあります。

タンクの中身を増やし、さらにはタンクの器そのものを大きくさせるのは、日々の練習以外にありません。もちろんスポーツ選手は誰でも、毎日練習を重ねています。それも一般の人なら、すぐネを上げてしまうような過酷なトレーニングです。けれどその練習成果のほうは、みんな平等ではありません。同じ指導のもとで、同じように練習しているチームの中にも、大きく伸びる選手と、そうでない選手がいます。

この違いは、いったいどこから出てくるのでしょうか。

じつはそれも心の状態と関係しています。

練習中、体は同じように動いているのに、その成果や、そこから得られるものが大きく違ってくるのは、練習時のメンタル面が違っているからです。

従来のメンタルトレーニングでは、発揮能力だけが問題にされ、保有能力のアップはほとんど取り上げられませんでした。しかしブレイン&メンタルトレーニングでは、「活躍する」と「伸びる」の両方そろった選手でなければ、優秀とはいえないと考えています。

ですから本番に向けたメンタルトレーニングだけでなく、日々の練習や生活の中で行う心のコントロールを重視しています。

たとえば、選手のみなさんにはこんな思いがどこかにないでしょうか。

「どうせ一流選手なんかになれっこない」

「こんな高い目標は達成できないよ」

「やっぱり限界がある」

「あの監督じゃ、伸びるものも伸びられない」

「つらいなあ。早く練習が終わらないかなあ」

伸びる力を抑えてしまうのは、そういう思いです。

なぜならそういう否定的な思いがあると、脳の働きが落ちるからです。一生懸命に動いているつもりでも体のキレが悪くなり、俊敏に動けない。思考力や判断力も低下します。

監督から、「もっと集中しろ」と怒鳴られたりするのもそんなときです。

練習に集中し、練習でベストパフォーマンスを発揮していなければ、イザ本番で発揮できるわけがありません。体力や心肺機能は、今の自分にとって「これが精一杯だ」というギリギリの負荷をかけることで高まり、そのギリギリのレベルが上がります。スキルも同じです。練習の中で、今できる最高のプレーを繰り返し行うことによって、その最高が少しずつアップしていくのです。

日々の実力を伸ばしていける選手とは、試合と同じように集中した、「本気」のメンタル状態で練習に取り組んでいる選手です。

しかし毎日繰り返される厳しい練習に、常に本気で向き合うのは難しいことです。選手ならよくわかると思いますが、すぐイヤになり、気持ちがだらけてきます。手を抜いてラクをしたくなります。そういう心をコントロールし、今日も最高の自分で練習に取り組むためにも、メンタルトレーニングが役立つのです。

つまり、試合でも練習でも、心の違いが選手としての差をつくります。ですからブレイン&メンタルトレーニングは、次の2つを柱にしています。

- **保有能力のアップ（伸びる選手になる）→ 日々のメンタルトレーニング**
- **発揮能力のアップ（活躍できる選手になる）→ 試合に向けたメンタルトレーニング**

能力は「心のあり方」で大きく変わる

私は今、保有能力も発揮能力も選手の心と関係があるといいました。そのことを理解していただくために、30年以上にわたるメンタル指導の中で私が出会った、最もメンタル的に優れた選手の話をしましょう。それはプロ野球で活躍した桑田真澄投手です。

メンタルトレーニングの第一歩は、自分自身を知ることから始まります。自分のメンタル的な傾向を把握し、ウィークポイントを補強します。そのために最初に、巻末の238ページにあるような「**メンタルチェック**」（実際はもっと詳細です）を受けていただきます。

これまでに数多くのアスリートが、このテストを受けています。その中でプロ・アマを問わず、最高点を出した選手の1人が、ジャイアンツ時代の桑田投手でした。その結果をひと目見て、「すごい。やはり並みの選手とは違う」とびっくりしました。

とりわけ驚かされたのは、「将来に対する目標意識」に関する部分でした。どんな一流選手であっても、そこには必ずいくつかマイナス点があるものです。しかし桑田投手の場合は、みごと満点の成績でした。

先ごろ引退した桑田さんの野球人生をあらためてたどってみると、まさにテストの結果通りだったことがわかります。

たとえば、ジャイアンツの練習グランドには、2軍選手が敬意を込めて「クワタロード」と呼ぶ1本の道がありました。グランドの芝生の縁に沿って、ひと筋きれいに芝が抜けているその道は、腕のケガのためにボールを握れなかった2年間、桑田さんが毎日黙々と走り続けたコースでした。

選手のみなさんは、自分が同じ立場だったらどうかと考えてみてください。投手でありながら、ボールも握れない2年間。そのあいだ、ただ黙々と走り続けられるでしょうか。絶望や不安に襲われ、それに負けてしまうかもしれません。桑田投手がその2年間に耐えられたのは、メンタルチェックにも示された強靭な心があったからです。ケガを克服し、マウンドで再び活躍する〝将来の自分〟を信じきっていたからです。

桑田真澄という大投手は、そういう心がつくり出したのだといえるでしょう。

また38歳で、長年の夢だったアメリカ大リーグに挑戦したときもそうです。オープン戦で実力を認められ、大リーグへの昇格確実と見られながら、試合中に審判とぶつかり、足を捻挫。大リーグどころか、引退の危機に遭遇することになります。

年齢からすれば、夢を断念するのがむしろ当然の成り行きでした。日本のマスコミも、そういう論調で悲劇的な事故を報じました。

しかし桑田投手だけは違った未来を見据えていたのです。逆境の中で復帰のためのトレーニングを開始。そのケガを克服し、ついに大リーグのマウンドに立ちました。

アメリカ人と比べて非力な日本人が、38歳で大リーグのマウンドに立ちたいと思う。それはとてつもなく非常識な夢です。さらに負傷というハンディをかかえながら、まだあきらめず、みんながもうムリだと考えたその夢をみごとに実現してしまう。

トップアスリートと並みの選手の違いは、身体能力でも素質でもありません。身体能力や素質を問題にする以前に、その心に差があるのです。

メンタルトレーニングで「最強思考」をつくる

桑田さんのような、超一流のアスリートが持っている強靭な心を「**最強思考**」と呼んでいます。大きな保有能力や高い発揮能力をつくり出すのも、この「最強思考」です。

これをくわしくお話する前に、超一流のアスリートに共通する「最強思考」の特徴をあげておきましょう。

- **最強思考の脳には、明確なモチベーションがある**
- **最強思考の脳は、「即行動」が条件づけられている**
- **最強思考の脳は、過去ではなく、いつも未来を見ている**
- **最強思考の脳は、いつも強気である**
- **最強思考の脳には、悪いストレスがない**

・最強思考の脳には、まったく不満がない
・最強思考の脳は、いつもワクワクしている
・最強思考の脳は、すべてに自責で、誰か（何か）のせいにしない

これが桑田選手やイチロー選手のような、超のつく優秀なアスリートの脳です。

これを見て、自分とはまるで違うと思った人がいるかもしれません。とてもこんなふうにはなれないと感じた人もいるでしょう。

けれど、ガッカリする必要はありません。確かにトップアスリートのほとんどは、こういう脳を持っています。誰に教わらなくても、最強思考になれるのが超一流の選手です。しかし心のコントロール法さえわかれば、誰でもこういう脳を持てるのです。それを可能にしたのが、ブレイン&メンタルトレーニングです。

なぜならこれまでの、心理テクニックで心をコントロールしようとする一般のメンタルトレーニングとは違い、本書で紹介するブレイン&メンタルトレーニングは、脳の仕組みを利用し、もっと深いところから心をコントロールするものだからです。

優秀なアスリートになる条件①

1-2 ワクワクできる目標を設定する

BRAIN & MENTAL TRAINING

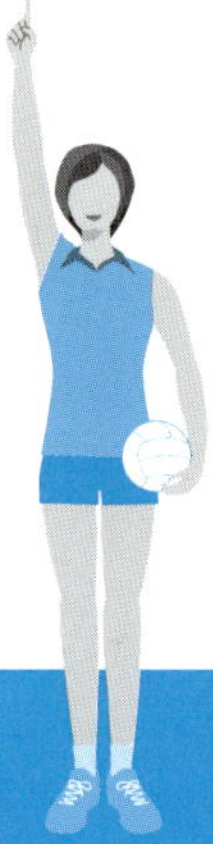

ワクワクするとはどういうことか

ここで、選手のみなさんに質問があります。

Q１　あなたは今、明確な目標があり、ワクワクしていますか？

Q２　あなたは今、練習が楽しくてワクワクしていますか？

Q3　あなたは今、次の試合が楽しみでワクワクしていますか？

「優れた選手」の条件のひとつは、「ワクワク感」です。練習にも試合にも、ワクワク感を持って取り組んでいるのが優秀な選手です。

最近はテレビのスポーツ番組でも「ワクワクする」とか「試合を楽しむ」という言葉をよく耳にします。つい先日も、国際試合に出発する選手が、記者会見で抱負を尋ねられ、「思いっきり楽しんできます」と答えていました。

30年前、私がメンタルトレーニングの指導を始めたころ、監督やコーチにワクワクすること、楽しむことの大切さを訴えると、決まって「そんな緩んだ気持ちじゃ勝てません」と反論されたものです。今はそんなことをいう指導者も少なくなり、トップアスリートの世界では、流行語のように使われています。けれど、なぜ〝ワクワク〟が大切であるかは、まだ十分理解されているとはいえません。

ここで、ひとつ確認しておきましょう。〝ワクワク〟とは、心の状態をあらわす言葉です。喜びへの期待感で胸がときめく、その状態を「ワクワクする」といいます。

心は、胸にも心臓にもありませんね。ワクワクもドキドキも、たしかに心臓の鼓動と関係しています。でも、その心臓をときめかせたり（ワクワク）、心拍数を増やしたり（ドキドキ）するのは、脳からの指令です。つまり、脳こそ私たちの心の正体です。

したがって、「ワクワクする」のは脳がワクワクし、ときめいているしるしです。いい換えれば、脳が喜びへの期待感をいだいている。それで脳が肯定的になり、つらいことや苦しいことに対してもプラス思考になっている状態です。

じつはその肯定的な脳が、選手の保有能力と発揮能力を高めるのです。

なぜ〝ワクワク〟は発揮能力を高めるのか

プロと実業団の選手に、こんなアンケートを実施したことがあります。これまでで最高にうまくいった試合を思い出してもらい、「どんな心理状態のときに、ベストパフォーマンス（最高の活躍）ができたか」を尋ねました。回答を整理すると、「落ち着いていた」「負ける気がしなかった」という答えとともに、圧倒的に多かったのが「ワクワクしていた」「ゲームを楽しんでいた」という答えでした。

最高のプレーができたから、嬉しくてワクワクするのだと私たちは考えがちです。じつは、そうではありません。このアンケートはそれとは正反対のことを教えています。ベストパフォーマンスができたからワクワクするのでなく、ワクワクしていたからこそベストパフォーマンスが可能になったのです。

人の発揮能力は、心がワクワクすると高まります。

なぜワクワク感は、発揮能力を高めるのでしょうか。逆の場合を考えてみてください。

つまり、「この試合は負けるのではないか」「自信がない」「不安だ」というような、マイナスの思いでいっぱいだったらどうでしょう。試合経験の多い選手なら、体験的にわかると思いますが、そんなときは力を出しきれないものです。

なぜなら脳は、次のようなメカニズムで動いているからです。

——脳は、自分がいだいたイメージを実現しようとする

たとえば、サッカーのシュートでも選手の脳には、蹴り込んだボールがたどるコースのイメージがあり、そこへボールを蹴るためにはどう動けばいいかという、体のイメージが一瞬でつくられます。次の瞬間、脳はそのイメージを実現すべく、全身の筋肉を動かすのです。日々のシュート練習も、そのイメージをしっかり脳に焼きつけ、体がそのイメージを確実に実行できるよう訓練するのが目的です。

ところが、マイナスの思いにつかまり、脳が否定的になったとたん、肯定的なイメージを持てなくなってしまいます。キックの直前、「ムリかもしれない」と一瞬ひらめくだけで、ゴールネットをみごとに揺らすイメージは消えてしまいます。

野球の投球でも同じです。否定的な脳になると、狙い通りのコースにボールがおさまるイメージが持てなくなり、逆にホームランを浴びるイメージがわいてきたりします。ですから筋肉コントロールに狂いが生じ、投球フォームが微妙に崩れるのです。

脳が肯定的であるか、否定的であるか。

それによって、選手の発揮能力は大きく違ってきます。

ワクワクというのは、喜びへの期待感であるといいました。脳が最高に肯定的になっている状態です。喜びをもたらす最高のイメージが生まれ、そのイメージを実現すべく筋肉もスムーズに動きます。ベストパフォーマンスは、その結果、可能になるのです。

ブレイン&メンタルトレーニングの目的のひとつは、心配や不安で否定的になりやすい私たちの脳を肯定的な脳に切り替え、発揮能力を高めることです。

ワクワク感は伸びる選手をつくる

ワクワク感が大切なのは、発揮能力が高まるからだけではありません。それは同時に保有能力を高め、伸びる選手をつくります。

選手を伸ばすのは、もちろん日々の練習以外にありません。その練習について、イチロー選手が面白いことをいっています。

「そりゃ、僕だって勉強や野球の練習は嫌いですよ。誰だってそうじゃないですか。つらいし、たいていはつまらないことの繰り返し。でも、僕は子供のころから、目標を持って努力するのが好きなんです」

練習はつらいし、つまらないに決まっている。けれど自分には目標があるから、ワクワクしながら取り組めるというのです。このようにトップアスリートは、日々の練習にもワクワクした、肯定的な脳で取り組んでいます。

同じように練習しても、肯定的な脳と、そうでない脳では練習成果がまるで違ってきます。先に述べたように練習の目的は、理想のイメージをつくり、それを脳に焼きつけ、そのイメージ通りに体が動くようにすることです。そして、そのイメージを生み出すのも、そのイメージに従うように筋肉に指示するのも脳の仕事です。

「また練習か。イヤだな」「早く終わらないかな」。そんな否定的な脳でいくら練習しても、かんじんな理想のイメージが形成されず、スキルはなかなか身につきません。

ワクワク感のない脳はストレスだらけになる

もう少し科学的にいえば、脳が否定的になると、心理的にも、また生理的にも、体の動きにブレーキがかかります。極端な例をあげれば、動物は天敵の前に出ると体がすくんで動けなくなりますね。人も大きな恐怖に襲われると筋肉がこわばり、体が思うように動きません。恐怖や不安などのストレスが大きいほど、体は自由を失うのです。

「練習がイヤだ」「つまらないなあ」「また監督に叱られる」「今日はデートの約束があるから早く終わらないかなあ」……小さいけれど、これらもストレスに変わりありません。

マイナスの思いは、必ずストレスを生み出すのです。

つまり、否定的な脳はストレスを感じている脳です。

ですから脳が否定的になると、体のキレが悪くなり、試合でつまらないミスをします。練習でも失敗が多くなり、いくら練習しても成果が上がりません。

一方、脳がワクワクし、肯定的になると、体の動きはスムーズです。その結果、練習で多くの成功を体験できるでしょう。その成功の積み重ねによって、イザ本番でも理想のイメージが簡単に浮かぶようになり、その通りに体が動くのです。

伸びる選手の脳は、練習中もワクワクし、練習を楽しんでいます。だから厳しい練習にも耐えられるし、苦しい練習にも進んで取り組もうとします。それが桑田選手やイチロー選手、また高橋尚子さんのようなトップアスリートなのです。

先の最強思考の特徴にも、「最強思考の脳は、いつもワクワクしている」「最強思考の脳には、悪いストレスがない」とあったのを思い出してください。

それでは、いったいどうしたら、トップアスリートのワクワクした脳になれるのでしょうか。そのヒントが、桑田投手の「メンタルチェック」の結果の中にも、イチロー選手の言葉の中にもあります。

強い選手・強いチームがますます強くなる理由

はっきりいえるのは、人がワクワクするのは、これから起こることに対してだということです。過去や現在に対しては、あまりワクワクしません。

つまり、ワクワクとは喜びの予感です。これから経験する喜びを期待し、私たちはワクワクするのです。

たとえば、高校野球の場合、いつも地方大会の1回戦で敗退してしまうチームの選手と、地方大会で何度も優勝を経験し、今年も甲子園に出場する可能性のあるチームの選手では、どちらがワクワクしながら練習しているでしょうか。

一般的にいえば、優勝する可能性のあるチームです。

なぜなら負け癖のついている選手の脳は、大会を前にしても、「どうせまた1回戦で負けだ」と自動的に考えてしまいます。あきらめたからではありません。これまでの経験から、自動的にそういう思いがわいてくるのです。

しかし可能性のあるチームは、甲子園の土を踏む自分を想像できます。喜びを予感できて、自然とワクワクするでしょう。そういう肯定的な脳にはやる気もわいてきて、練習にも積極的に取り組むようになります。

てしまうのです。

ですから、負け癖のついているチームとは反対に、ますます上達し、ますます強くなっ

では、弱いチームはいつまでたっても弱いままなのでしょうか。多くの場合、残念なが

らその通りです。しかし、ときどき例外があります。

その例外をつくるのが、選手の心をワクワクさせる未来の目標です。

まずはワクワクする目標を設定することから始める

北海道の駒大苫小牧高校野球部も、その例外のひとつでした。

それまで道大会にもなかなか出られず、地区予選で敗退することの多かった駒大苫小牧高校に、当時の香田監督から依頼を受けて指導に入ったのは約10年前。はじめに私たちが着手したのは目標の明確化でした。

「きみたちは必ず甲子園へ行ける。行けるだけでなく、甲子園で優勝できる。みんなで全国制覇を目指そう」

しかし選手たちは自分のことと思えず、ポカンとしていました。父兄からは、「甲子園より、地区大会で勝つことを教えてほしい」といわれたものです。

未来の目標が大切といっても、負け組の選手にとって、そんなものは他人事でしかあり

ません。単なるあこがれであり、その気になれないのです。

そこで私たちは、全国制覇という大目標に「ワクワクする魔法」をかけました。

「これまで深紅の優勝旗が北海道へ渡ったことはない。今、北海道は不況で元気がない。きみたちが優勝旗を持ち帰れば、北海道の人たちはきっと喜ぶ。きっと元気になる。それができるのは、道産子であるきみたちだけだ」

自分のための目標を超えた、こういう目的を「使命感」といいます。当時の駒大苫小牧は、野球留学の選手もおらず、全員が地元の生徒でした。

私どもの臼井トレーナーが使命感に訴えたときに、はじめて選手の脳にワクワクする目標が芽生えたのです。

北海道から帰ったトレーナーのもとに、香田監督からすぐ電話がありました。選手たちが毎日提出しているノートに、全員が「目標は全国制覇！」「甲子園で優勝するぞ！」と自発的に書いてきたというのです。

未来の夢が生まれ、脳がワクワクし出した瞬間でした。

桑田投手の「メンタルチェック」でも、未来の自分が恐ろしいほど明確でした。イチロー選手も、「僕は目標に向かって努力するのが好きなんです」といっています。

私たちをワクワクさせ、脳を肯定的にする秘訣は「未来の目標」です。

選手のみなさんは、どんな未来の目標を持っていますか？

また、チームにはどんな目標がありますか？

ワクワクできる目標があること。「優れた選手」「優秀なチーム」の第一の条件はそれです。目標のつくり方については、もう少しあとで説明します。ここでは、ワクワクできる目標とはどんなものであるかをあげておきましょう。

ワクワクできる目標とは――

- **今の自分には夢であるような大きな目標**
- **明確で具体的な目標**
- **使命感をともなった目標**

優秀なアスリートになる条件②

1-3 詰める能力を高いレベルにする

BRAIN & MENTAL TRAINING

目標だけではただの〝おめでたい人〟

私たちの能力を高める第一の条件は、それが実現したところを想像するだけでも期待感でワクワクし、肯定的な脳になるような大きな目標です。

しかしそういう大きな目標＝「**夢目標**」を持っているだけでは、単なる夢想家、おめでたい人と変わりません。ただの夢想家と成功者の違いは、夢を実現していくプロセスをしっかり見ているかどうかです。

近ごろは、「夢」や「ワクワク」というメンタル的なものが、人の保有能力・発揮能力に大きく影響することが、一般にもようやく理解されるようになりました。けれどなかには夢を持ち、ワクワクしてさえいれば、それだけで成功できると思っているのではないか、そう心配したくなるケースがあるのも事実です。

目標の役目は、目的地をはっきりさせることです。もうひとつの役目は、そこに至るまでのプロセスを明らかにすることです。

プロセスを欠いた目標は空想に過ぎません。逆にいえば、夢という空想的なものにプロセスを与えるのが明確な目標なのです。

夢目標に対し、それを実現するためにクリアすべきハードルを「**処理目標**」といいます。目標に至るプロセスは、処理目標の連続であり、それをひとつ、またひとつとこなしていくことの積み重ねです。

目標には、夢目標と処理目標の2つが必要なのです。

処理目標によってプロセスが明らかになる

実際、夢目標だけではあまりワクワクしませんね。遠い目標を簡単に実現できると思い込めるほど、人間の脳は単純ではないからです。

ですから目標に対して本気にもなれません。本気にならなければ、どんな素晴らしい目標も絵に描いたモチと同じです。

本気になるには、処理目標が必要です。目標にたどりつくための処理目標によって、プロセスが明らかになり、それをこなすことで、「今、一歩一歩目標に近づいているぞ」と確信できるからこそワクワクできるし、本気にもなれるのです。

たとえば、Jリーグの選手にはイタリアやイギリス、スペインでサッカーをしたいという夢を持っている人がたくさんいます。そうしたサッカー先進国で活躍するには、日本でバツグンの実力を持ったトップJリーガーになる必要があります。そのために、今何をしなければいけないか――体力づくりはもちろん、シュートやドリブルのスキルもバツグンでなければなりません。状況判断や連係プレーへの反応力、また劣勢の中でも勝利を目指し、最後まであきらめないメンタルタフネス、たとえミスしてもすぐ気持ちを切り替えられるクリアリング能力も、人一倍持つ必要があります。

そういう課題（自分にとってのテーマ）、つまり処理目標を理解し、それを着実にこなしていく。人を夢目標に近づけるのはそれだけです。

中田英寿さんが、高校時代、遠征に行くバスの中でイタリア語の勉強をしていたのは有名な話です。ユース時代に中田選手を指導した山本昌邦さんによれば、合宿中、他の高校選手が練習の疲れでぐっすり寝ているときも、中田選手は1人起きてイタリア語の勉強をしていたそうです。

高校生だった中田さんの目にはすでに、世界のトッププロが集まるイタリア・セリエAで活躍する自分の姿が、はっきり見えていたのでしょう。イタリア語の勉強も、それを実現するための処理目標のひとつでした。その処理目標をこなしていくことが、未来のイメージをますます明確にし、人をワクワクさせるのです。

選手のみなさんは、すでに「ワクワクできる目標を設定する」の項目で、ワクワクする目標の大切さを学びました。

その目標を実現するために、今のあなたには、いったい何が必要であるかを考え、その課題＝処理目標を書き出してください。それをひとつひとつクリアしていくことが「**詰める能力**」です。

あなたの目標は何ですか？

その目標を実現するために必要なこと（処理目標）は何ですか？

①

②

③

右の処理目標をクリアするために、あなたがすべきことは何ですか？

①

②

③

「詰める能力」で選手は格段にレベルアップする

今、みなさんに夢目標と処理目標、そのためにすべきことをあげてもらいました。それを確実にこなしていけば、間違いなくみなさんは優れた選手になれるはずです。

処理目標を理解し、それを着実にこなしていく。それが「詰める能力」です。伸びる選手とそうでない選手の一番大きな違いは、この「詰める能力」の違いです。それはプロのスポーツも、学生スポーツも同じです。

たとえば、イチロー選手が１９９１年、愛工大名電高校からオリックス球団に入団したときはドラフト４位でした。プロのスカウトの厳しい目が、選手の身体的な素質を見誤ることはほとんどありません。ドラフトで失敗するケースは、身体的な素質より、その選手のメンタル的な素質を正しく評価しなかったことが原因です。

ドラフト４位指名だったイチロー選手の身体的素質は、全ドラフト候補選手の中で、30番台から40番台と判断されたことになります。

そんな選手が、はるかに素質があると見られた選手たちを追い抜いて、日本のトップ選手になりました。それだけでなく、屈指の大リーガーにまでなってしまう。それはイチロー選手の「詰める能力」がきわめて高かったことを物語っています。

では、「詰める能力」とは具体的にどういう能力なのでしょうか。その能力を高めるにはどうしたらいいのでしょうか。

スポーツ選手は3つのタイプに分けられる

アメリカの心理・経営学者ダグラス・マグレガーが、参考になる説を述べています。マグレガーによると、人間には2つのタイプがあります。ひとつは「怠けたがり、責任をとりたがらず、放っておくと仕事をしない」タイプ（X型）。もうひとつは、「自己実現のために自主的に行動し、問題解決のために創意工夫するタイプ」（Y型）です。X型は、命令されて動き、Y型は自分で考え、自主的に動きます。

ビジネスの世界では人材マネジメントの基本とされるセオリーですが、これをベースに私たちはスポーツ選手のタイプを3つに分けています。

①いわれた以上のことをする選手（自主的に動く選手）……………Y型
②いわれたことしかしない選手（指示されて動く選手）……………X型
③いわれたこともしない選手（叱られたり、強制されてやっと動く選手）……X型

選手のみなさんは、自分がどのタイプに属するか考えてみてください。毎日、選手と接している監督やコーチなら、チームのどの選手が3タイプのどれに入るか、たちどころにわかるはずです。そして、伸びる選手は例外なく自主的に動く選手であり、「いわれた以上のことをする選手」(①)であることに賛成していただけるでしょう。

彼らはどうして、〝いわれた以上〟にできるのでしょうか。練習が好きでたまらないからではありません。自分が優秀な選手になるには、あるいは目標に近づくためには、今、何が必要かを常に自分の脳に問いかけているからです。

指示されて動く選手(②)や強制されて動く選手(③)は、自分の脳に問いかけていません。だから練習の目的もわからないし、練習の喜びも感じられないのです。

たとえば、練習でも実際の試合をイメージしていますか。試合をイメージしながら練習していれば、外野フライのノックを受ける場合にも、ボールを捕球するだけでなく、捕球地点に速やかに入り、素早く、また正確にボールを返すことが必要だとわかります。それだけで、もう「いわれた以上」の練習ができるのです。とんでもないところに投げ返し、平気で「わるい、わるい」などといっているのは、試合のイメージもなく漫然と練習し、ノックの捕球という「いわれたことしかしない」選手です。

会社にもそういうタイプがたくさんいます。社員教育の指導で企業へ行くと、企業のトップから、指示待ち社員がいかに多いか、それがどれだけ会社のマイナスになっているかという話をたっぷり聞かされます。しかし「自らに問いかける」ことを実践し、それをクセにするだけで、彼らは見事に変わっていくのです。

「いわれた以上」のことをするのは、自分に問いかける選手です。

野球選手ならチーム練習以外に、人の何倍も素振りをするとか、帰宅後は体力づくりのためにランニングをすることなども含まれるでしょう。また心理面を強化するためにメンタルトレーニングを学ぶ。もっと高度になれば、栄養学の本を読んで体づくりに活かしたり、解剖学を勉強し、それをフォームの改造に活かすといったこともあります。

そういう「いわれた以上」のことを着実にこなしてきたのが、トップアスリートです。トップアスリートの「詰める能力」はハンパではありません。

「詰める能力」の高い選手は人のせいにしない

「自分に問いかける」選手と、それができない選手には大きな違いがひとつあります。それをみなさんもぜひ理解しておいてほしいと思います。

マグレガーも述べていた「責任感」です。責任などという意外な言葉が出てきましたが、じつはこれが選手の「詰める能力（＝伸びる能力）」のキーワードなのです。

たとえば、プロ野球の敗戦投手が悔し紛れに、「あのエラーで調子が狂った」とか、降板させられた投手が、「監督がヘボだから勝てない」といったなどという話を耳にします。

このように人に責任を転嫁する態度を「**他責**」といいます。

逆に自分の責任だと考え、そこに自分の課題を見出していくのが「**自責**」です。自責の人なら、「味方のエラーで心を乱されたのは、自分のメンタル面が弱いからだ」「あの場面で交代させられたのは、監督が不安を感じたからだ。ピンチのときに信頼してもらえないのは、自分に何か問題があるからだ」と考えます。

そうすれば、味方のエラーぐらいですぐ心をかき乱されないように、メンタル面を強化しようとか、ピンチになると投球が単調になってしまうクセを直そうといった向上心が、当然ながら出てきます。

他責の選手は、いつも環境や状況のせいにし、監督の指導法やチームメイトにも不満をいだいています。「こんな練習環境じゃうまくなれるわけがない」とか、「あの監督の下ではやる気がしない」とか、「こんな低レベルのチームでは、自分の実力を発揮できない」。そんな思いがあれば、練習にも肯定的な脳で取り組めなくなります。他責の人は不平不満が多く、ストレスが多く、それだけ否定的な脳になりやすいのです。

そういう選手は身体能力がいかに高くても、今以上に伸びません。そして、最後には自分の努力不足を棚に上げ、「自分はこの競技に向いていない」とか、「もともと素質がなかったのだ」と、才能や素質のせいにしてあきらめてしまうのです。

ここでいう責任は、「これは誰だれの責任だ」というような、終わった過去の結果に対する責任ではありません。未来に対する責任です。自分（チーム）の目標に対して、最善の努力をする責任と考えれば、わかりやすいでしょう。万一、目標を達成できなかったとしても、最善の努力は必ず人を大きく伸ばすものです。

スポーツ選手に一番必要なもののひとつは、常に自分の責任を考える「自責の発想」です。だからこそ自主的に行動し、「いわれた以上」のことをする選手になれるのです。

自ら責任をとるとは——

・環境や状況、他人のせいにしない。
・何ごとも自分の責任ととらえて、自分の課題を発見し、それを克服するための方法（何をなすべきか）を常に考えている。
・過去よりも、自分（チーム）の未来に対する責任を強く意識している。
・目標のあるところには、責任も生まれることを自覚している。

脳への問いかけが「最強思考」をつくる

他人のせいにすると脳はそれで安心してしまい、働こうとしなくなります。

「味方がエラーするから気持ちよく投げられない」という投手は、エラーひとつで調子を狂わせてしまう自分のメンタル的な弱点に気づけません。当然、その弱点を克服するには何が必要かも考えられなくなります。

「自分の成績が伸びないのは監督が悪いからだ」と思っていれば、伸び悩んでいる真の原因を発見できず、それを解決する方法も考えられないでしょう。

ですから優秀な選手は、必ず自責の発想でものごとに取り組んでいます。いつも自分の脳に「なぜだ?」「何をすべきか?」を問いかけているのです。

問いかけがあれば、人間の脳は、何とかそれに答えようとします。夢の中で画期的なアイデアを思いついたとか、散歩中や入浴中に問題解決のヒントがひらめいたというエピソードがよくありますが、私たちの脳は、問いかけに答えようと四六時中働くのです。睡眠中の潜在意識まで動員して全力で働いています。

スポーツ選手の発揮能力・保有能力を高める最強思考は、単なる強気の思考ではありません。潜在意識まで含めた脳の力を全開にし、目標を実現する思考法です。

自分の脳に常にプラスの問いかけを行っている。これが最強思考の人です。

「どうしたらもっと上達するか」

「どうしたら目標に近づけるか」

「もっと上達するには、何をしたらいいのか」

「目標に近づくには、何をすべきなのか」

常にこれを自分に問いかけている人が、「いわれた以上のことをする」伸びる選手です。つらい練習にも喜んで取り組める優秀な選手です。

あとで述べるように目標達成のイメージを脳にインプットするのも、達成の喜びを感じてモチベーションを高めるだけではありません。そのイメージが問いかけとなり、それを実現するにはどうしたらいいか、何をしたら実現できるかを脳が考え出すのです。

選手のみなさんは、今、自分の脳に何を問いかけていますか？

「どうしたら練習をサボれるか」などと問いかけている人はいないだろうと思います。みなさんが自分の脳に何を問いかけるかによって、選手としての質が変わってくることを覚えておいてください。

選手としての〝質〟を高める最高の問いかけ

ここで、脳が必ず最高の答えを出してくる問いかけをお教えしましょう。これはトップアスリートが必ず行っている問いかけであり、メンタルトレーニングのテクニックや、あとで述べる「三気法《さんきほう》」を知らない人でも、今すぐ実行できるものです。

それは、「なぜ?」という問いかけです。

・なぜ自分は、今日練習に行くのか
・なぜ自分は、厳しい練習に耐えるのか
・なぜ自分は、勝ちたいのか
・なぜ自分は、スポーツ選手になり、スポーツ選手であり続けているのか

人間というのは、自分の行動に対して意義を見出したい動物です。こういう問いかけをすると、私たちの脳は決まって前向きの答えを返してきます。つまり、それだけでもう肯定的な脳になるのです。

「詰める能力」も、この「なぜ?」があるかどうかで大きく違ってきます。

たとえば、練習がつらい、今日は出たくない、しんどいから適当にやっておこう、そんな気持ちがわいてきたら、「なぜ自分は、スポーツ選手になり、スポーツ選手であり続けているのか」——これを自分に問いかけてください。その問いかけは、「今、自分は何をすべきか」という肯定的な思考をきっと連れてきます。

あなたはなぜ、何のために練習するのですか？

あなたはなぜ、何のためにスポーツ選手になり、苦しい練習に耐えてまでスポーツ選手であり続けているのでしょうか？

すぐに答えが出なくてもかまいません。大切なのは脳に問いかけることです。

優秀なアスリートになる条件③

1-4 クリアリング能力を身につける

BRAIN & MENTAL TRAINING

トップアスリートは「忘れる能力」が高い

「イヤなことは、10歩あるくあいだに忘れる」

これはタイガー・ウッズの言葉ですが、競技スポーツの選手にとって、〝忘れる〟ことはきわめて重要な能力のひとつです。

たとえば、プロ野球でも絶好調の投手が、たった1本のホームランで急に調子を崩し、ガンガン打たれ出すシーンを見たことがあると思います。

打たれたホームランが原因ではありません。ホームランのショックを忘れられず、「しまった！」「やられた！」という否定的な気持ちを引きずってしまったことが、突然の乱調の原因です。

ですから、イヤなことは早く忘れなければなりません。

前の負け試合や試合中の失敗、ミス、また監督に怒られたイヤな気持ち……、そういう記憶は、私たちの脳を否定的にし、発揮能力を著しく低下させてしまうからです。できるだけ早く忘れて、気持ちを素早く切り替えることが必要です。その、忘れて切り替える能力を「**クリアリング能力**」、あるいは「イレーサー（消しゴム）能力」といいます。

一流選手はみんな、よく消える消しゴムを持っています。

プロ野球の大打者を見てください。三振したあと、うなだれてベンチに戻ったり、バットをたたきつけて悔しがったりする姿は絶対に見せません。まるでホームランでも打ったかのように胸を張り、堂々と引き揚げます。

たった今、喫したばかりの三振のショックや悔しさをもう忘れています。あるいは堂々とすることで一刻も早く、「ダメだった」という思いを心から追い払い、気持ちを切り替えようとしているのです。

否定的になりかけた脳を切り替えて、前向きに、イキイキと働く肯定的な脳にする。それがスポーツ選手には絶対必要なクリアリング能力です。

トップアスリートはそれを体験的に習得し、無意識のうちにやっています。その技術を方法として学び、身につけるのもメンタルトレーニングの目的のひとつです。

成功の喜びも忘れたほうがよい

忘れなければならないのは、失敗やミスだけではありません。意外に思えるかもしれませんが、成功も忘れてしまったほうがいいのです。

成功の喜びも、それをヘタに引きずると、次の試合や次のプレーに好ましくない影響が出てきます。気が緩んで集中力がぐんと下がるのです。練習試合で何度も勝ち、誰が見ても実力の差がはっきりしている相手に、本番でポロリと負けてしまうなどということがしばしば起こります。

昔の人は、それを「油断大敵」といいました。優越感や自信過剰、つまり過去の結果に対する満足感は、未来に対する闘争心を鈍らせます。

試合中や試合前の選手を呼んで、監督がよく「無心でやれ」とか「無心になれ」とアドバイスしていますが、それも「忘れろ」ということです。しかしどうしたら無心になれるかは、監督自身もわかっていないことがほとんどです。

過去の失敗と過去の成功を忘れ、それらがつくり出す不安や心配、あるいは優越感、自信過剰をなくして、今だけに100%集中していく。それが無心ということです。

頭の中のいろいろな雑音を消して、無心で〝今〟に立ち向かうときに、発揮能力は飛躍的に高まります。

ところが、私たちは記憶力がよすぎて、なかなか忘れられません。たとえばジャイアンツ時代の桑田投手のメンタルチェックの話をしました。最高点を記録した彼のメンタルチェックの中で、唯一のマイナス点がクリアリング能力でした。完璧を追い求める選手は、自分の失敗が許せず、失敗の記憶を引きずりやすいのです。

そこで、忘れることの大切さと、クリアリングの技術的なポイントを伝えると、さすがに桑田投手はすぐ理解してくれました。

その結果が、ピンチになるとマウンドで手にしたボールに目をやり、何ごとかつぶやいていた彼のあの姿です。

手の中のボールの縫い目を読みながら、今のヒットで受けた心の乱れを消し、口では強気の言葉を繰り返す。頭の中では次のプレーで起こるゲッツーの場面を、おそらくイメージしていたはずです。

記憶力のよすぎる私たちが過去を忘れ、気持ちを切り替えるには、消しゴムでゴシゴシきれいに消し去ってしまうような、そうしたクリアリング技術を身につける必要があります。クリアリングの具体的な方法については、あとでくわしくお話します。

日々の練習にも〝忘れる〟作業が必要

クリアリングが関係するのは、試合での発揮能力だけではありません。選手の実力を伸ばす保有能力にも影響します。

・練習中の失敗やミス、監督に叱られたことなどをいつまでも気にし、そのマイナス感情を引きずったままでは、肯定的な脳で練習に取り組めなくなる。

・家庭や友人関係、また学校や職場で体験する、さまざまなストレスを引きずった状態で練習しても、そこに100％集中できない。

・自分のチームや、他チームの優秀な選手と自分を比べてしまうことは避けられないけれど、それで落ち込み、やる気をなくしていたら選手として自分を高められなくなる。

練習にのぞむときも、忘れなければならないことがたくさんあります。

選手のみなさんは、どんな気持ちで毎日の練習に取り組んでいるか、一度チェックしてみてください。ここにあげたようなことが頻繁に起きているはずです。

あなたが練習中によく味わう思いを書き出してみましょう。

❶

❷

❸

❹

❺

今より伸びようとしたら、日々の練習にも無心で集中し、ガムシャラに立ち向かわなければなりません。練習方法がどんなに科学的になっても、これは変わりません。あなたが今、ここに書き出した思いや感情は、あなたをガムシャラにしてくれるでしょうか。

指導の現場に行くと、「あいつがもっとガムシャラになってくれればなあ。いいものを持っているのに本当に惜しい」というような、指導者の声をしばしば耳にします。心にマイナスの思いや感情があると、人はガムシャラになれません。

クリアリングはそんな雑音を消して、「無心」「ガムシャラ」を実現する方法です。

能力を抑え込む「心理的限界」を突破する

心の雑音で一番厄介なのが、「どうせ」という思いです。

・こんな練習はどうせムダだ

・こんな目標はどうせ達成できっこない

・自分にはどうせムリだ

そんな否定的な思いがどこかにあると、それが心理的限界になり、本気で努力できなくなってしまいます。

スポーツ選手の能力を小さくしてしまう最大のリスクは、この「どうせ」です。それがあると、どんなに素晴らしい可能性も活かされません。自分の未来を殺してしまう「自分殺しの言葉」です。もしあなたがもうひとつ伸びきれないとしたら、どこかにそんな心理的限界が隠れているのかもしれません。

しかし人間は、最初から心理的限界を持っていたわけではないのです。その証拠に、赤ん坊には「どうせ」がありません。

赤ん坊は、「何でもできる」と思っています。だから、はじめは歩くことも、立ち上がることさえできなかったのに、1年もすると立ち上がるようになり、ヨチヨチながらも立派に歩き出します。そのあいだに何度転び、痛い思いを何度味わったでしょうか。何十回、もしかすると何百回、何千回かもしれません。

にもかかわらず、「どうせおれなんか立ち上がれっこない」と思い込んで、途中であきらめてしまった子がいたという話は聞いたことがありません。

どんな子も1年か2年で、人類が何万年あるいは何十万年という長い時間をかけて習得した直立二足歩行をしっかり身につけ、どんどん歩き出します。1度や2度の失敗ですっかり弱気になり、「どうせダメだ」「どうせおれなんて」と思ってしまうような人も、赤ん坊時代には、何度転んでも立ち上がる旺盛なチャレンジ精神に満ちていたのです。

なぜ私たちは、そういう強靭なチャレンジ精神をなくし、自分の可能性を信じられなくなってしまったのでしょうか。

答えは難しくありません。赤ん坊には、まだ過去と呼べるほどのものがないのに対し、私たちには長い過去があるからです。どんな人も、そこには失敗や挫折の記憶がたくさんあるでしょう。人間の脳は、そういう過去の経験に照らし合わせて判断するので、「またダメだろう」「どうせムリだ」と思い込んでしまうのです。

私たちが最強思考になり、自分の未来を信じきるには、そういう過去の記憶から脳を解放し、「どうせ」を消すことが必要です。

そのためには、脳に蓄積された過去のデータを変えるしかありません。そんなことができるのかと思われるかもしれませんが、それが簡単にできるのがブレイン&メンタルトレーニングです。その方法はあとに説明してあります。

過去が、私たちの未来を制限しています。天才とは過去に縛られず、自分の望むように未来をつくり出せる人たちです。

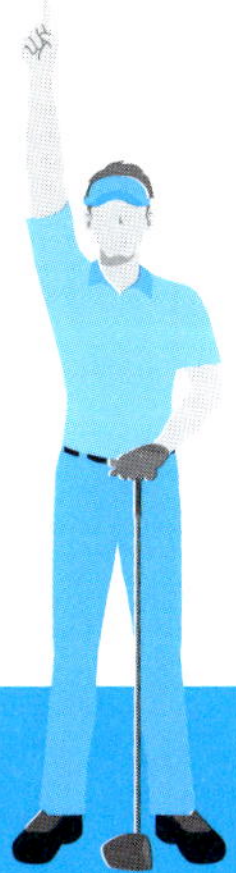

優秀なアスリートになる条件④

1-5 素直な負けず嫌いという特性を持つ

BRAIN & MENTAL TRAINING

優れた選手に必要な2つの人間的要素

優秀な選手とは、試合で活躍できる高い発揮能力と、日々の練習で着実に実力を伸ばしていける大きな保有能力の両方をあわせ持った選手のことです。

では、どのようにしたら発揮能力をさらに高め、保有能力をもっと大きくできるのでしようか。その方法を、「優秀な選手の条件」として、これまでに3つ述べてきました。

①ワクワクできる明確な目標

②自分の課題を発見し、それを克服する詰める作業

③過去を忘れ、今に集中するクリアリング

これらは一般のメンタルトレーニングでも、たいてい何らかの形で行われているものであり、そのためのノウハウやテクニックも存在します。しかし「優秀な選手の条件」には、ノウハウやテクニックだけでは、どうにもならないものがあります。

それが、「**④素直な負けず嫌い**」という人間的な要素です。

負けず嫌いでなければ、優秀な選手になれないし、素直でなければトップアスリートにはなれない。30年以上にわたって、競技スポーツの現場を見続けてきた私の結論です。

優秀なアスリートはみんな負けず嫌い

選手として優秀な人はみんな負けず嫌いです。

競技スポーツは、楽しむことを目的とする遊戯スポーツと違い、技の競い合いであり、試合に勝つことを目的に行われます。勝ちたいからこそ選手は、スキル的にもメンタル的にも、今以上のレベルを目指してトレーニングに励んでいます。負けても平気という人は、競技スポーツの選手としては成功できないでしょう。

「負けず嫌い」はアスリートの最大の素質です。「また負けちゃった」と笑っていられる人や、「今年もレギュラーになれなかった。あいつのほうが上手いんだから仕方ない」と、簡単に妥協できる人は、競技スポーツには向きません。

ただ、そういう選手でも、心の内には敗北の無念さ、レギュラーになれなかったことに対する悔しさが必ずあふれ返っているはずです。その無念さや悔しさをバネにできるかどうかが、負けず嫌いの選手と、あきらめのいい選手の違いです。

試合やライバルに負けて悔しい思いをした経験を思い出してください。その悔しさをもう一度味わい直し、それに雪辱する「未来の自分」をイメージしてみましょう。

あなたがこれまでに一番悔しい思いをしたことは何ですか？

雪辱のために、どんな未来を目指そうとしていますか？

人間にとって、悔しさは大きなエネルギーです。一般の社会でも、それがあったから頑張れたという人がたくさんいます。常に勝ち負けの場に立たされる競技スポーツの選手の場合はなおさらです。

しかし、それも単に悔しがるだけでは、私たちを前進させるエネルギーにはなりません。その悔しさをマイナス方向のエネルギーではなく、強力なプラスのエネルギーに変えてくれるのが「未来の自分」なのです。つまり、悔しさをそのままにしておいてはいけないのです。

素直さがないとストレスに負けることになる

トップアスリートの特徴は、負けず嫌いであり、同時に素直であることです。負けず嫌いは、スポーツ選手にとって最も大切な素質です。けれど選手が今以上に大きく伸びようとしたら、負けず嫌いだけでは十分ではありません。負けず嫌いの上に〝素直さ〟がくっついた、「素直な負けず嫌い」であることが必要です。

素直さの足りない選手のケースをいくつか考えてみましょう。

▼素直さがないと、指導者や指導方針に対する不満が出てくる

監督やコーチに反感を持ち、腹を立てたり、また注意されると「チェッ」「うるせえなあ」とすぐ反発して、不服そうな顔をする選手がいます。それも力のある選手に多いのです。

そういう素直さのない選手は、適切なアドバイスにも耳を傾けられなくなります。さらにスポーツ選手にとって最大の敵といえるストレスを四六時中かかえることになり、そのために保有能力も発揮能力もどんどん落ちていきます。

プロやオリンピック級の選手が急に活躍しなくなり、話題にものぼらなくなったと思うと、新しい監督が嫌いで、監督に対する不平不満をためていたなどというケースは、みな

さんが想像する以上によくあることです。好き嫌いが人間関係で大きなウエイトを占める女子になると、それが原因で引退を考える選手もいるほどです。

嫌いな監督のために、選手としての可能性を小さくしてしまうのは、じつにつまらない話です。しかし嫌いな監督でも、不平不満を持たずにすむ方法があります。

▼素直さが足りないと、チームメイトに対する不満が出てくる

キャプテンやリーダー、あるいは自分より優れた選手に対し、不満や反感を持つ人もけっこういます。これも大きなストレスになり、いつもストレスをかかえた否定的な脳で練習しなければならないことになります。もちろんチームワークも乱れてきます。

もっと素直に仲間を受け入れられたら、肯定的な脳で気持ちよく練習でき、練習の成果もまったく違ってくるのにとても残念です。

▼家庭や学校、職場での不満が多くなり、トラブルが増える

素直でないとは、別の言葉でいうと「ひねくれている」ということです。人間関係がスムーズにいかず、いろいろな場所で衝突やトラブルが多くなります。そうなると当然、悩みが増えて、イライラばかり募ることになるでしょう。

一見、スポーツとは関係なさそうですが、そういう日常生活のフラストレーション、ス

トレスが知らないうちに、選手にとって大切な集中力を低下させてしまうのです。

つまり人間は素直でないと、否定的な脳になりやすいのです。

そこで、あなたは素直か、素直でないひねくれ者か、確かめる方法があります。

「面白くないなあ」「つまらない」「やってられない」「バカらしい」「クソッ」「このやろう」「あいつのせいだ」「誰も自分のことをわかってくれない」……。こういう言葉をすぐ口にしたり、心の中で思ったりしやすいのは素直でない選手です。

一方、「ありがとう」「ありがたい」という気持ちが強いというのが、素直な人の特徴です。こんなふうにいうとお説教臭く聞こえるかもしれませんが、これは道徳とは何の関係もありません。ここでお話しているのは、発揮能力と保有能力の高い優秀な選手とは、どんなメンタリティ（心の特徴）を持った選手であるかということです。

そのことがよくわかる例をひとつ紹介しましょう。

世界チャンピオンの一番の敵は不満だった

ボクシングは、他の競技にもまして「負けず嫌い」でなければ、選手として大成できないスポーツです。そのボクシングでＷＢＡとＷＢＣの両タイトルを獲得し、今は日本プロボクシング協会の会長を務めている大橋秀行さんが、こう尋ねられたことがあります。

「将来、世界チャンピオンになれる選手かどうかわかりますか？」

大橋さんの返事は、「わからない」でした。しかしそのあと、こうつけ加えています。

「世界チャンピオンになれる選手はわからないが、なれない選手ならわかる。周囲に不満を持つ選手は、どんな素晴らしい素質があってもチャンピオンには絶対になれない」

これはご自身の体験を踏まえたものです。

大橋会長は、小学生のころからボクサーを目指し、子供ながら1日2食を通したほどの意志の人です。けれど、「150年に1人の素材」といわれながら、ここ一番の勝負になるとなぜか勝てません。何となく勝てそうな格下の相手にも負けてしまう。そんなことが続き、「なぜだろう」と自分に問いかけた大橋会長は、思いがけない答えを見つけます。

「結果が悪い試合を振り返ってみると、そういうときは決まって指導者や環境に対して、不満を持っていた」

そのことに気づいてから、その不満をなくすように努力したといいます。

「不満」の反対は、「感謝」です。不満を感謝の心に置き換えるようにしたときから、「不思議に結果が出るようになった」と大橋会長はいいます。

このお話を脳科学的に解釈すれば、不満というストレスのために否定的な脳になっているときは、体のキレが悪くなり、判断力も低下する。しかし「ありがたい」という感謝で脳を肯定的にしたら、脳の機能が格段に上がったということです。

あなたが練習中に味わう否定的な思いを書き出してみましょう。

❶

❷

❸

その不満こそ、あなたがもうひとつ優秀な選手に成長しきれない原因かもしれません。ですから大橋会長にならって、その不満を感謝に切り替えてみましょう。それには不満の対象である人や環境を、別の角度から見る必要があります。

その人や、その環境によって、あなたが助けられていること、また助けられてきたことがきっとあるはずです。そういう「おかげで」に切り替えてみてください。

今書き出した①②③について、「おかげで」に切り替えてみてください。

❶ でも、そのおかげで

❷ でも、そのおかげで

❸ でも、そのおかげで

こう切り替えるだけで、もうあなたの脳は少し肯定的になっています。

人間的成長なくして能力のアップはない

ほとんどの選手は、一生懸命に練習しさえすればスキルアップし、優秀な選手になれると思っています。スキルさえアップすれば、試合でも活躍できると考えています。しかしみなさんはもう、それが誤解であることに気づいたはずです。

この章では、まず優秀な選手とは、大きな保有能力を持った「伸びる選手」であり、高い発揮能力を有する「活躍できる選手」であることを学びました。さらに保有能力を大きくし、発揮能力を高めるには4つの条件があることを知りました。

・ワクワクする目標を持っている（肯定的な脳になる）

・その目標に近づく詰める能力を持っている（常に自分に問いかけている）

・クリアリング能力を持っている（イヤなことはすぐ忘れる）

・素直な負けず嫌いである（不満がなく感謝している）

これらは単なるテクニックではありません。人間的に成長する道であると私は考えています。従来のメンタルトレーニングは、心理的なテクニックやノウハウばかりでした。しかしそれだけでは、人間的な成長はありません。

実際、選手として飛躍的に成長するのは、必ず人間的に成長したときです。なぜなら競技スポーツには、メンタル面の充実が欠かせないからです。競技力の高さは私たちの心と無関係ではないからです。無関係どころか、心こそ選手としての優秀さを決定してしまうことをこの章では学んできました。

次の章では、ブレイン&メンタルトレーニングの基本をお話しします。最初に心のありかである脳のメカニズムについてふれ、それからその脳をどんなときでも肯定的に切り替えるテクニックを述べていきます。

第2章

脳の仕組みを利用した最新のトレーニング

感情のスイッチをプラスにして心を変える

2-1 上手に脳を使う人がスポーツでも成功する

BRAIN & MENTAL TRAINING

スポーツは頭でするもの

ほとんどの人は「スポーツは体でするもの」と考えています。けれど、体は勝手に動くわけではありません。ふだん私たちは忘れていますが、筋肉を使って体が動くように命令しているのは脳です。

しかも、ただ体を動かすだけでは十分ではありません。競技スポーツの場合は、いかに俊敏に、いかに正確に動かすかが問われます。筋肉を使う脳が活発に、イキイキと働かなければ、体のほうもスムーズに動けず、俊敏さや正確さを欠いてしまいます。

スポーツと脳の関係を整理してみましょう。

たとえば、バスケットのフリースローです。フリースローでは、ボールをかまえた手や腕の筋肉はもちろん、全身の筋肉を使います。指先から足先まで、すべての筋肉をバランスよく、タイミングよく動かすのは脳の指令です（脳の筋肉コントロール）。

頭の中にあるフリースローのイメージに従って、指示が出されます（イメージ機能）。

フォームやタイミングも脳が学習し、習得します（脳の運動学習）。

しかしどんなフリースローの名人も、気負いや緊張があれば失敗しますね。無意識のうちに筋肉が強張り、余分な力が入ってしまうからです。この、気負いや緊張を知らないうちに発生させるのも、脳にほかなりません（パフォーマンスへの影響）。

また競技力を向上させるには、厳しい練習に耐えてスキルアップする必要がありますが、それを「面倒だ」「つらい」と感じたり、「逃げ出したい」と考えたりするのも脳であり、逆に「よっしゃ！」と、やる気や意欲をわかせるのも脳の働きです（モチベーション機能）。

これだけを見ても、スポーツは体よりも脳でするものであることがわかります。つまり、スポーツは脳の勝負といってもいいのです。

意外とシンプルな脳の仕組み

どのように脳を使えば、もっと効果的に働くようになり、スポーツ選手としての能力をさらに高められるか。それを方法的に研究し、誰にでも簡単にできるメソッド（やり方）にしたのがブレイン&メンタルトレーニングです。

「どのように脳を使えば、もっと効果的に働くか」などというと、やたら難しく聞こえます。しかし私たちの脳の仕組みは、意外にシンプルです。

ブレイン&メンタルトレーニングを正しく理解するために覚えていただきたいのは、「**生命維持**」「**感情**」「**実行**」という脳の3つの働きです。その働きは、〝3階建て〟になった脳のそれぞれの階で行われています。

▼生命脳（1階）

ここは脈拍や呼吸、血圧、体温などの生命活動を調整しています。みなさんが激しい運動のあと、息が上がったり、心臓の鼓動が激しくなり、脈拍が早くなったりするのも、生命脳の働きです。これは脊髄の上にある小さな脳ですが、その小さな脳が必要に応じて、いろいろなホルモンを血液中に放出し、それによって遠く離れた心臓や血管をはじめ、文字通り全身の状態をコントロールしています。

たとえば、ホルモンの中には、体や脳に作用してストレスを引き起こす「ストレスホルモン」があります。試合前のドキドキや筋肉の緊張、あるいは「あがる」「頭が真っ白になる」という現象も、このホルモンの仕業です。

ただ残念なことに、生命脳は私たちの意志の力では自由になりません。試合前のドキドキも簡単にはなくなってくれません。ですから、意志よりも感情に強く影響されてしまうのです。メンタルトレーニングが必要なのもそのためです。

▼感情脳（2階）

感情という素晴らしいものを人間は持っています。しかし同時に、それは自分でコントロールすることの難しい、非常に厄介なものです。この素晴らしいと同時に、厄介な感情をつくり出すのが生命脳の上にある感情脳です。

試合に勝って喜びを感じるのも、その喜びを目指して意欲をわかせ、気力を充実させるのも感情脳の働きです。

そういう働きだけなら問題はありません。しかし強敵を前にして気弱になったり、ボクシングのような格闘技なら「怖い」と感じたり、また練習を「つらい」「苦しい」と感じるのもこの脳です。不安や恐怖、落ち込み、不満、イライラなど、スポーツ選手がいかんなく能力を発揮するうえで邪魔になる、マイナスの感情もみんなここで生まれます。

一度発生すると、どんなささいな感情も、ただちに1階にある生命脳に伝えられます。その結果、さまざまなホルモンが血液中にドッと分泌されて、たちまち全身に影響してしまうのです。リングにのぼったボクサーが「怖い」と一瞬感じるだけで、体がすくみ、軽やかなフットワークが失われる。パンチにも威力がなくなってきます。みんなストレスホルモンのなせるわざです。

逆に喜びや楽しさ、ワクワクなどのプラス感情があるときは、悪いストレスがないので思い通りに体が動き、分析力や判断力も冴えてきます。

ですから前にお話したアンケートにあったように、ベストプレーができた試合の心理状態をアスリートに質問すると、「ワクワクしていた」「楽しんでいた」「負ける気がしなかった」という答えが返ってくるのです。スポーツ選手の能力は、感情脳のコントロールにかかっているといってもいいすぎではありません。

従来のメンタルトレーニングは、こういう脳の仕組みを考慮しなかったために、なかなか効果が出ませんでした。たとえば、目標を設定しても、心からその気になるのが難しく、またピークパフォーマンス（理想のプレー）のイメージングを行っても、かんじんな「できる！」という確信は得られませんでした。感情脳にアプローチすることで、感情レベルから思いやイメージを強力に変えていくのがブレイン&メンタルトレーニングです。

▼実行脳（3階）

一番上の3階は、脳のイラストなどでよく見かける、外側のシワシワな部分です。そこでは五感から来る刺激を情報として受け入れ、それを分析したり、判断したり、またデータとして記憶します。それをもとに目の前の状況に対して、最も効果的な行動をとらせるのが主な仕事です。

たとえば、サッカーでゴール前にボールが出たとしましょう。それを見て、とっさにボールの行方を見定める。練習で繰り返したフォーメーションを一瞬で思い出し、自分の役割を理解して、その位置へすばやく回り込む。これらはみんなこの脳の仕事です。そこでボールを受け、狙い通りのシュートを放つ。それを実行する筋肉も、実行脳の指令を受けて動きます。

みなさんもご存じと思いますが、この脳は左右の真ん中に1本の溝があり、①左脳（分析し判断することが得意な理屈脳）と、②右脳（イメージ処理を得意とする脳）に分かれています。

サッカーのシュートを例にとれば、①左脳でまわりの状況を分析・判断し、②右脳は、ネットに突き刺さるボールのコースと、そのコースに蹴り込むための体の動きをイメージします。そのイメージを実現すべく、筋肉に命令を発するのです。この一連の流れがスムーズに、また正確に行えるように、私たちは毎日練習を積み重ねています。

脳はこうして働いている

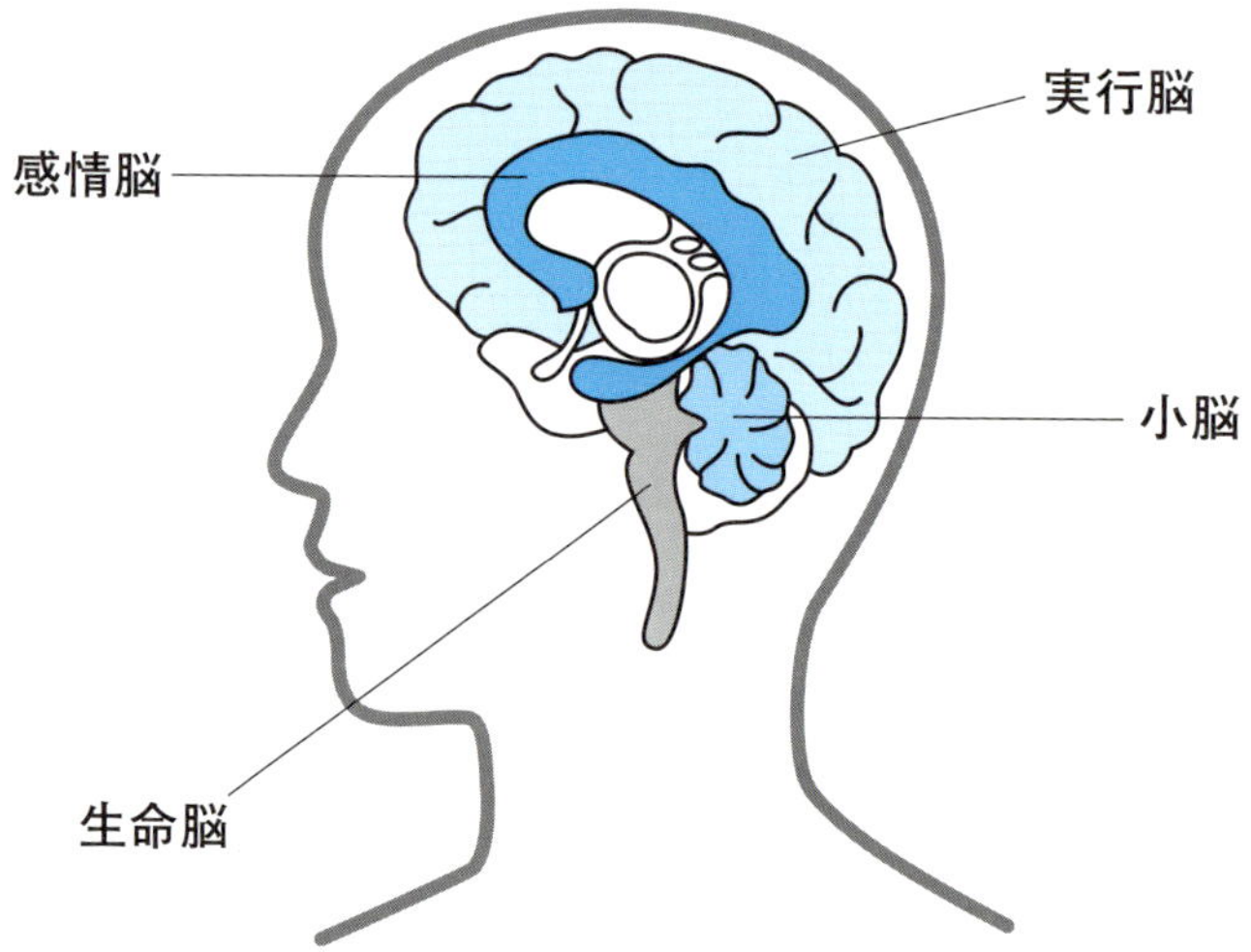

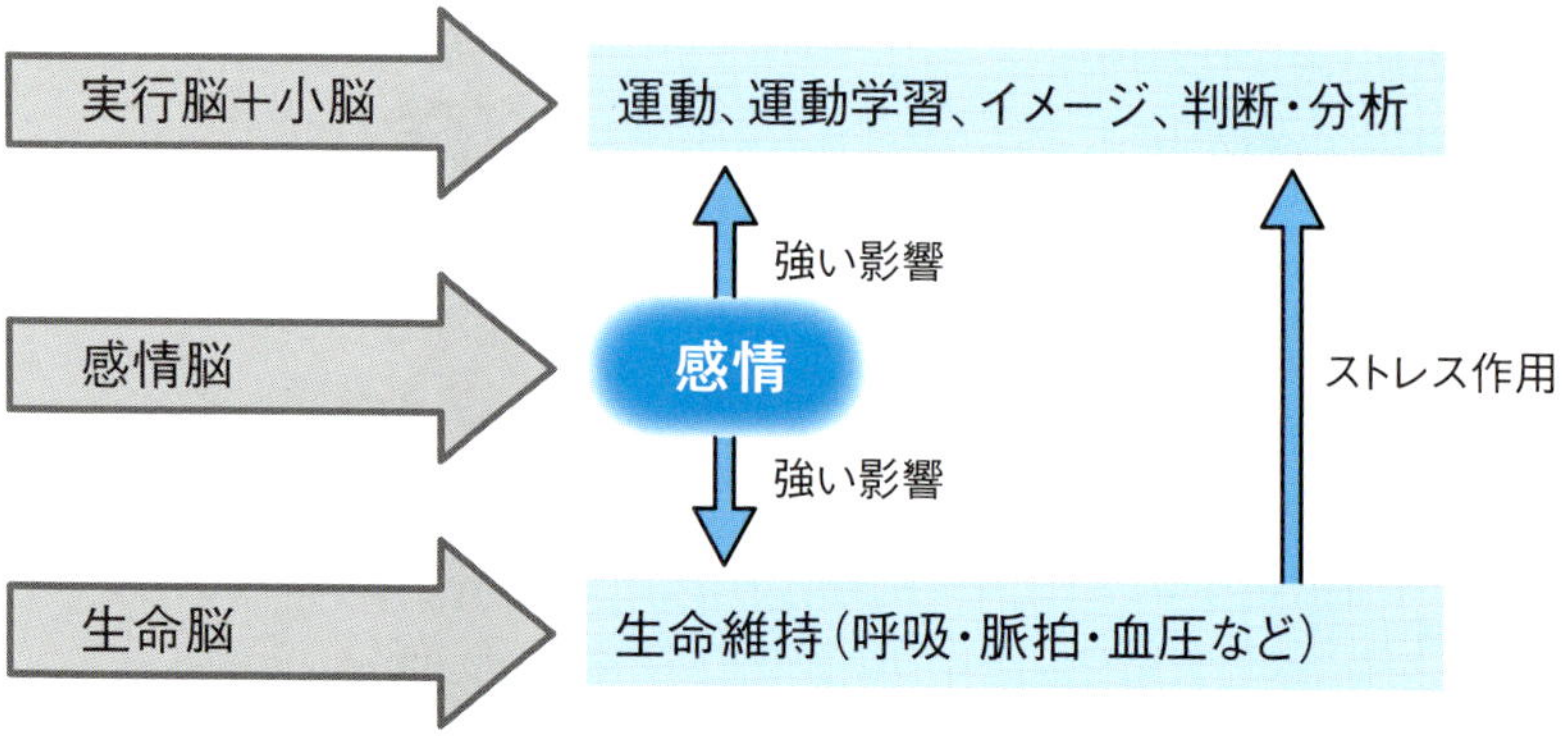

ときどき、「おれは頭が悪いから運動するしか能がない」という選手がいますが、考え違いもはなはだしいことがわかると思います。脳の機能がよくなければ、分析・判断も正しく行えないし、的確なイメージをつくり、それを実行することもできません。

運動神経がいいというのは、この実行脳の機能が人並み以上であるということです。ただ私たちの脳には、非常に大きな可能性があり、練習によって、いくらでもその実行機能を高められます。繰り返し行うほど神経伝達のスピードが増し、より正確になっていくのが人間の脳なのです。コツコツ努力した選手が、「10年に1人の逸材」といわれるような、素質のある選手を簡単に追い抜いてしまうのもそのためです。

ついでにお話しておくと、脳には3階建ての母屋のほかに、〝離れ家〟のような小脳が後頭部にくっついています。これは実行脳で習い覚えた体の動きをコピーし、意識せずにその動きを行えるようにする運動学習の脳です。

実行力は感情に左右されてしまう

しかし、ここにひとつ困った問題があります。3階にある実行脳の働きも、その下にある2階の脳、つまり感情脳の影響を受けやすいことです。脳の実行機能は、コンピュータのように一定ではなく、感情に左右されてしまうのです。ですから選手の発揮能力は試合ごと、場面ごとで大きく変わってきます。

ホームランを打たれたあとの投手が、急にコントロールを乱すのも、「しまった」「やられた」という感情的なショックが、脳の実行機能を低下させるからです。

２０１０年のバンクーバー冬季オリンピックで、フィギュアスケートの織田信成選手が、力を出しきれずに終わった演技を振り返り、前に演技した選手に対する割れんばかりの歓声を聞いたとたん、足が震えたと語っていました。歓声で引き起こされた不安が、織田選手の脳の実行機能を著しく低下させてしまったのです。

ですから浅田真央選手は、前に演じたキム・ヨナ選手への歓声が聞こえないように、耳にイヤホンをあてて必死で音楽を聞いていました。けれど映像にうかがえた、その必死さには、むしろ恐れというマイナス感情があったように見えました。

マイナスの感情に支配された感情脳は、ストレスホルモンをどんどん分泌し、実行脳の機能をダウンさせます。これをコントロールできなければ、スポーツ選手の能力は向上しません。メンタルトレーニングの要は感情脳です。

勝負を左右する脳の仕組み②

2-2 脳には感情を切り替えるスイッチがある

BRAIN & MENTAL TRAINING

自分の心を自由にコントロールする

ブレイン＆メンタルトレーニングは感情脳をコントロールする方法です。

しかし直接触れることも、じかに操作することもできない脳を、いったいどのようにコントロールするのだろうと、不思議に思う人がいるかもしれません。

たしかに頭の中にある脳は直接触れることも、じかに操作することもできません。そこから私たちを悩ませる最大の難問が出てきます。

つまり、自分の心というものは、自分のものでありながら、自分の思うようにならないということです。

選手のみなさんなら、きっと経験があるでしょう。「練習がつらい」「こんな練習はイヤだ」という気持ちひとつ、なかなか自由に変えられませんね。レギュラーや代表になるために、人の何倍も努力したいと思うのに、すぐ「たぶんダメかも」「どうせおれなんて」という気持ちがわいてきて、努力の決意も鈍ってきます。

試合を前に不安を覚え、弱気になってしまう自分をいくら反省しても、それで自信満々の強気な自分になれるわけでもありません。

「大丈夫だ。自信をもって試合にのぞもう」と思えば思うほど、逆に不安になってきたりします。

選手のみなさんは次にあるスペースに、練習や試合中、あるいは毎日の生活の中で経験する「こんな自分がイヤ！」というところを書き出してみてください。

こんな感情がなくなれば、もっと選手としてレベルアップできるのに、と思えるような心です。

あなたが「こんな自分はイヤ!」と感じるのはどこですか?

・練習に関して

❶

❷

❸

・試合(試合前・試合中)に関して

❶

❷

❸

日本代表でもある実業団の選手に書き出してもらった、「こんな自分がイヤ!」というものをいくつか紹介してみましょう。

▼練習に関して

・オフ期の練習は、どうしても楽しめない自分がイヤ

・監督が練習場にいるときと、いないときの緊張度や集中度が違う。それに気づいているのに盛り上げられない自分がイヤ

・練習内容に疑問を持ったときも、それを解決するわけでも、受け入れるわけでもなく、モヤモヤしながら練習する自分がイヤ

▼試合（試合前・試合中）に関して

・パートナーが大事な場面で連続ミスをすると、イライラしてしまう自分がイヤ

・下位の相手や低い回戦のときに燃えられず、つい油断心が出てしまう自分がイヤ

・過去にミスをしたときと同じ状況がくると、「またミスしてしまうんじゃ……」という不安を消せない自分がイヤ

これを読んで、どう思ったでしょうか。

たぶんみなさんがあげたものとほとんど変わらないと思います。世界レベルの選手も、プロや実業団の選手も、また学校スポーツの選手も、みんな同じような心に悩み、それを何とかしたいと思いながら自分の心と戦っています。

けれど、心との戦いはうまくいきません。それを繰り返しているうちに、だんだんしんどくなってきます。自分の心に勝とうと悪戦苦闘するより、それを簡単にチェンジできればもっと楽しく、もっとラクになるはずです。

感情の切り替えができたからトップ選手になれた

私たちの心は自分のものでありながら、自分の思うようになりません。しかしその自由にならない心を、上手にコントロールできるのがトップアスリートです。というより、試合中も、日々の生活の中でも、自分の感情をうまくコントロールできなければ、超一流のトップアスリートにはなれません。

トップアスリートは自分の感情が、試合中のパフォーマンスを左右し、また練習に取り組む姿勢にも強く影響することを経験的によく知っています。そして、それを意識的に、あるいは無意識のうちにコントロールする術を身につけています。

たとえば、先に引用したイチロー選手の言葉を思い出してください。

「そりゃ、僕だって勉強や野球の練習は嫌いですよ。誰だってそうじゃないですか。つらいし、たいていはつまらないことの繰り返し。でも、僕は子供のころから、目標を持って努力するのが好きなんです」

練習がつらい、練習が嫌い。それはほとんどの選手が味わう感情でしょう。しかしそのままでは、脳が否定的になってしまいます。その感情をコントロールし、否定的になっている脳を肯定的に切り替えなければなりません。

それが、「でも、僕は子供のころから、目標を持って努力するのが好き」というイチロー選手の言葉です。

こういう切り替えを簡単にできるのがトップアスリートです。

もう一度いいますが、トップアスリートだからできるのではなく、それができたからこそトップアスリートになれたのです。

これまでは、「さすが大選手だ」「イチロー選手はやっぱり違う」で終わってしまいました。しかし脳科学の進歩によって、心を簡単に切り替える仕組みがわかりました。じつは心をコントロールする「切り替えスイッチ」があったのです。そのスイッチの扱い方さえ覚えれば、イチロー選手のように自由に心をコントロールできます。

それが感情脳にある1・5センチほどの神経組織です。「**扁桃核**《へんとうかく》」といわれるこのちっぽけな組織が、感情脳の状態を決定していたのです。

扁桃核をコントロールして心をコントロールする

面白い例をお話ししましょう。

サルという動物は、ヘビが大嫌いです。サルの檻にヘビを入れると、サルたちは非常な恐怖を感じてパニックを起こします。キーキー叫びながら逃げるサル、歯をむいて威嚇するサルなど、檻の中はたちまち大騒ぎになります。

ところが、手術で扁桃核を切り取ってしまうと、サルの反応はまったく違ってきます。まずパニックに陥りません。逃げるどころかヘビをつかまえて、平気で口へ持っていったりしはじめるのです。つまり「ヘビが嫌い」「恐ろしい」という、サルにとっては本能的といってもいい感情が、なぜかすっかり消えてしまうのです。

扁桃核は、「好き嫌いの脳」あるいは「快・不快の脳」と呼ばれています。ものごとに対して、それが自分の好きなものか、嫌いなものか、また自分にとって快であるか、不快であるかを瞬時に見分け、判断する仕事をしています。

私たちの感情はどれも、この扁桃核の判断をもとにつくられていることがわかってきました。練習が嫌いでサボりたくなるのも、また試合を前に不安を感じるのも、この小さな脳の仕業です。

扁桃核のスイッチで脳の出力は変わる

扁桃核のスイッチが「不快」に入ると……

脳への入力（刺激）	扁桃核の判断	脳の出力（感情・思考・行動・体の変化）		
強敵	「不快」	「どうしよう」「勝てそうにない」	⇒	闘争力の低下、パフォーマンスの低下
ピンチ		「困った」「やばい」	⇒	不安、気負い、緊張、パフォーマンスの低下
練習		「つらい」「イヤだ」	⇒	集中しない、サボる
目標		「できない」「どうせムリ」	⇒	あきらめ、意欲の低下
監督		「嫌いだ」「やってられない」	⇒	不満、他責

扁桃核のスイッチが「快」に入ると……

脳への入力（刺激）	扁桃核の判断	脳の出力（感情・思考・行動・体の変化）		
強敵	「快」	「負けない」「絶対勝てる」	⇒	闘争力の強化、パフォーマンスの向上
ピンチ		「よっしゃ」「勝負はここから」	⇒	よい緊張、パフォーマンスの向上
練習		「楽しい」「面白い」	⇒	集中する、自主的に動く
目標		「できる」「ワクワクする」	⇒	前向き、意欲の向上
監督		「好きだ」「ありがたい」	⇒	感謝、自責

もし、「練習がイヤだなあ」「監督が嫌いだ」「前に負けたから、あの選手とは戦いたくない」「こんな目標はとてもクリアできそうにない」という、スポーツ選手にとって好ましくない気持ちになるとしたら、それはあなたの扁桃核が、練習や監督、目標を〝不快〟なものと判断しているからです。

扁桃核が不快になると、とたんに右脳も左脳も否定的に切り替わります。つまり、プラスイメージがわかなくなり、プラス思考もできなくなってしまうのです。

この扁桃核の反応を自由にチェンジできたらどうでしょうか。〝不快〟になっているスイッチを〝快〟に切り替えられれば、練習や監督が大好きになり、目標に対してもワクワクし、この目標を絶対実現してやろうという気持ちになれるでしょう。

イチロー選手のように、つらい練習、嫌いな練習も好きだと思えるようになり、喜んで人より何倍も努力できるはずです。あるいは強敵を前にしても、不安でいっぱいになった心を〝快〟に切り替えられれば、自信をもって試合にのぞめます。

では、どうしたら扁桃核のスイッチを変えられるのでしょうか。

それは少しも難しくありません。扁桃核のスイッチが〝好き〟〝快〟になるような、肯定的なデータ（刺激）を脳に入力するだけでいいのです。入力が変われば、出力（感情・イメージ・思考・行動）が変わってきます。

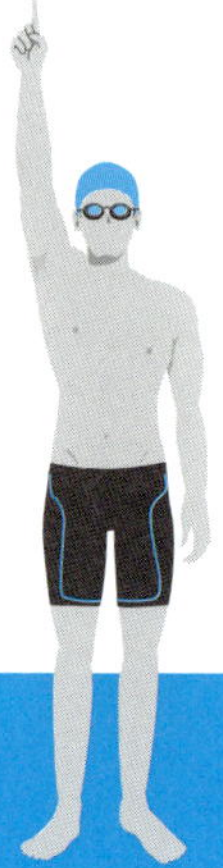

メンタルトレーニングの基本ステップ①

2-3 プラスデータを脳に入力する

BRAIN & MENTAL TRAINING

脳は「入力」と「出力」で動いている

チームの誰かがあなたに、「下手くそ！」といったとします。その言葉（データ）が入力された瞬間、おそらくあなたの脳は怒りという感情を出力するでしょう。その誰かが監督だったとしたら、たぶん落ち込みを出力する脳が多いと思います。

「さあ、練習だ」が入力されると、「また、練習かあ。かったるいなあ」を出力する人もいるし、「よ〜し、頑張るぞ」という、気合いの入った出力になる人もいます。当然、「かったるいなあ」という否定的な出力より、気合いの入った「頑張るぞ」を出力できた肯定的な脳のほうがサクサク動いて、体の動きもよくなります。

人間の脳は、パソコンなどのコンピュータと同様、「入力」と「出力」によって動いています。この「入力」と「出力」の仕組みがわかれば、私たちはもっと自由に脳を使えるようになります。つまり、自分の心をコントロールできるのです。

私たちは過去にとらわれている

もし、「苦手だなあ」と思う敵がいたら、その相手をイメージしてください。仮にそれをAと呼びましょう。次の大会を前にして、監督から初戦でAとぶつかると聞いたあなたは、「ゲッ、またあいつか」「まいったなあ、初戦敗退か」と思うかもしれませんね。

「対戦相手はAだ」という入力に対して、どうして「絶対に勝てる!」「この試合はもらった!」とワクワクした気分になり、ガッツがわいてこないのでしょうか。そのほうが間違いなくいい試合ができるし、勝つ可能性も高くなるのに、どうしてもそうなりません。

その理由は、みなさんの想像通りです。これまでの試合で何度も負けているからです。

過去のデータに照らし合わせて、扁桃核が即座に〝不快〟と判断してしまうのです。

脳の仕組みは非常にシンプルで、過去に入力されたデータに基づいて否定的になったり、肯定的になったりするだけなのです。

これが、**脳の法則その1**です。

過去の試合で負けた――これはどうしようもない事実です。しかしほとんどの人は、その単なる事実のうえに、別のデータをどんどん入力しています。負け試合を何度も振り返って、「あいつは強い」「とてもかなわない」。また、対戦相手の名前を聞いて、「まいったなあ」「初戦敗退だ」。会場で相手の姿を目にしたときは、「うわ、自信満々じゃん」「これじゃ勝てそうにないよ」。

じつは、そういう思いも、新しいデータとして蓄えてしまうのが私たちの脳なのです。いい換えれば、思いやイメージなどの出力は、そのまま脳に再入力されて扁桃核の判断をますます強化してしまうのです。

脳の法則その2が、そこにあります。

ですから2、3度負けたという単なる事実のうえに、いろいろなマイナスデータが蓄積され、どんどん相手が強く思えてくるし、とても勝てそうにない気がしてきます。

ここから、重要な**脳の法則その3**が出てきます。

それは現実からきたリアルな入力も、脳が内部でつくり出した思いやイメージのような

脳は「入力」と「出力」で動いている

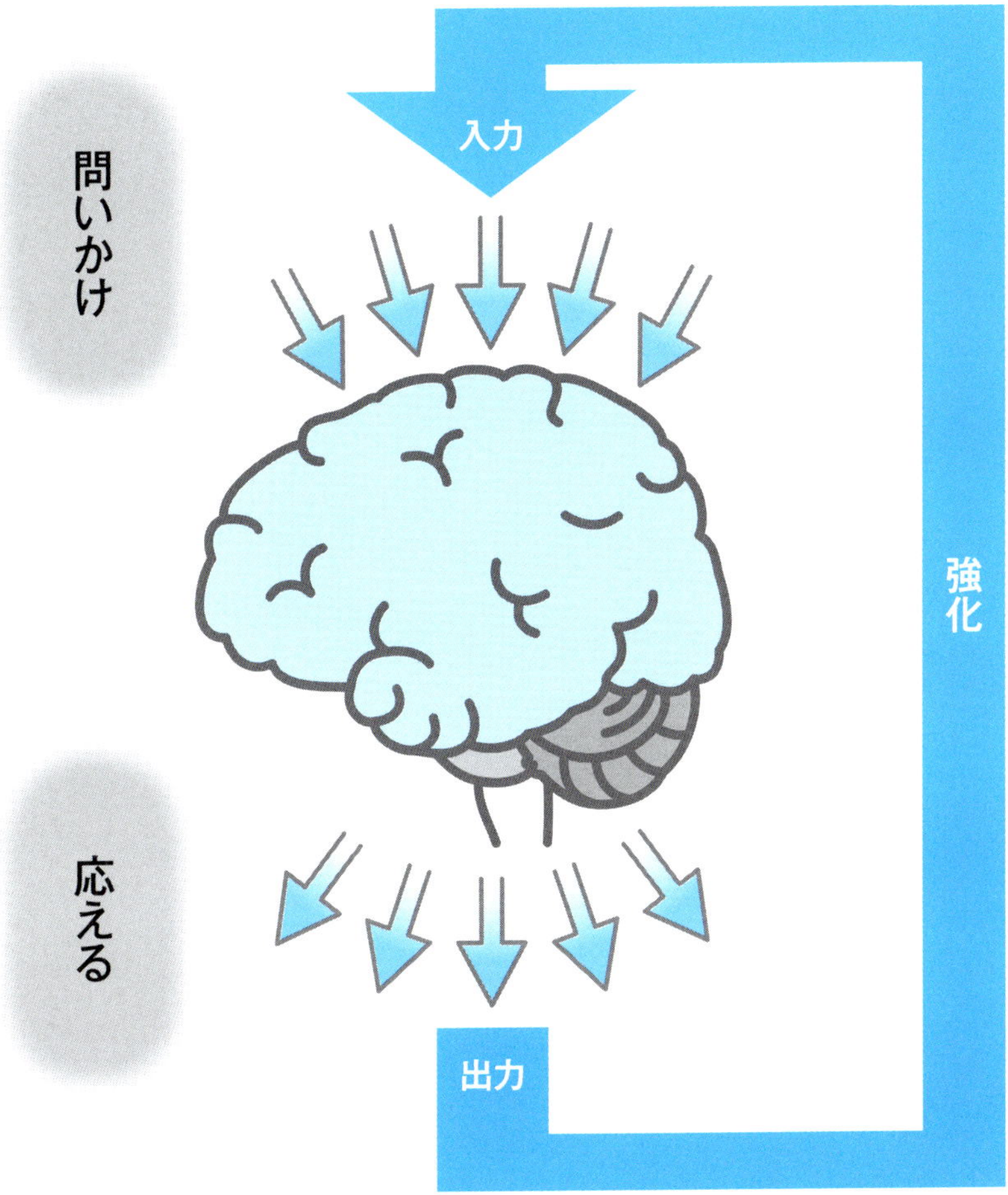

バーチャルな入力も、同じように記憶データとして残るということです。記憶データとして残るということは、データに照らし合わせて〝快〟〝不快〟を決める扁桃核の判断も、バーチャルな入力によって変わってくるということです。

ここに、現実の負けを突破して新しい未来をつくる可能性があります。

脳は現実とイメージを区別できない

ほとんどの選手は、試合に負けるとそのことに対し、いろいろなマイナスのデータばかり入力しているので、脳はどんどん〝不快〟になっていきます。

ところが、負けず嫌いの人は違います。負けた相手についても、扁桃核が〝快〟になるというありえないことがしばしば起こるのが負けず嫌いの選手です。

なぜなら負けず嫌いの選手は、負け試合を思い出すたびに、「ダメだった」ではなく、「次は勝つぞ」「負けないぞ」という思いを入力します。「打倒A」などと書いた紙を壁に貼って、「今度は絶対に勝つ」という思いを強化したり、さらには相手に勝ったシーンや、そのときの喜びを思い描いてワクワクしたりする人もいるでしょう。

そういうことを何度も繰り返すうちに、〝勝ち〟のイメージや、思い描いた喜びが、データとしてだんだん増えていきます。ついには負け試合のマイナスイメージ、マイナス感情を、いつの間にか圧倒して、本当にその気になってしまうのです。

ですから次にAと対戦するときは、彼らの扁桃核は不快になりません。その名前を聞いても、試合場で姿を見ても、不安になったり、弱気になったりせず、逆に雪辱のチャンスだと〝快〟になってしまう。これが、負けず嫌いの選手が成功する理由です。

じつはここに、メンタルトレーニングの大前提があります。

脳は、現実とイメージをうまく区別できない

別のいい方をすれば、脳にとっては、現実体験によるデータ入力も、イメージによるデータ入力もほとんど変わらないということです。もちろん現実のほうが強いインパクトを持っています。そのかわりイメージは何度も入力できます。

繰り返し〝勝ち〟のイメージや勝ったときの感情・思いを入力することによって、扁桃核の判断が徐々に変わってくるのです。

ですから、ブレイン&メンタルトレーニングの基本はこうなります。

プラスのデータを繰り返し入力する

メンタルトレーニングの基本は、これだけです。それが扁桃核の判断材料を変えて、私たちの脳を肯定的に切り替えてくれます。北京オリンピックの女子ソフトボールの選手が、それまで負けてばかりいたアメリカに勝てたのも、扁桃核をチェンジし、本気で「勝てる!」と思い込めたからです。扁桃核の判断を変えることは、未来を変えることなのです。

▼プラス思考のコツ1「ウソでもいい」

プラス思考も肯定的なデータを入力する方法のひとつです。

一般の社会でもプラス思考は大切ですが、競技スポーツの選手にとっては、大切というより絶対必要なものです。

競技スポーツでは、勝ち残るのはたった1人（1チーム）です。その他の選手やチームは、必ず敗北を経験します。またチーム内にも競争があり、ライバルに先を越されて落ち込むこともあるでしょう。放っておけば、アスリートの頭の中はマイナス思考だらけになってしまいます。否定的な脳になり、保有能力も発揮能力も落ちてしまう。そうならないようにするために、プラス思考が必要なのです。

たとえ状況は最悪でも、前向きに考えるのがプラス思考です。

試合で惨敗しても落ち込まず、「よし、この負けを次の試合に活かそう」と思える。大失敗しても、クヨクヨせずに「この次はもっとうまくいくはずだ」と思える。

なかなかそういうプラス思考にはなれませんね。なぜならイヤなことや困ったことがあれば、落ち込んだり、くさったりするのが自然だからです、

プラス思考でいこうと思いながら、それができない人は、その自然に逆らって、ムリやりプラス思考になろうとしています。心の底からそう考えようと、一生懸命努力してしまうのです。しかし、本当にそう思い込む必要はありません。

もともと最悪状態にいるときに、「この次はうまくいく」「おれには可能性がある」などと思えるわけがないのです。

ですから、「**ウソでもいい**」。これがプラス思考になるコツです。ウソでもいいから、そう思ってみる。声に出してみる。口から出た言葉は、耳を通して脳に再入力されます。

先に「脳はリアルとバーチャルを区別できない」といいましたが、それはウソとホントを区別できないということです。ウソの入力でもそれを繰り返しているうちに、やがてだまされてしまうのが私たちの脳なのです。

「この失敗のおかげで、次はもっとうまくいく」

「おれには自信がある。絶対にレギュラーを奪える」

信じられなくても、肯定的な入力を繰り返してください。

自分にいい聞かすたびに、その言葉は脳へ再入力されます。脳への問いかけになり、出力が変わってきます。「そのために努力しよう」「詰める作業をしっかりやろう」という気持ちになるはずです。もうプラス思考になりはじめているのです。

▼プラス思考のコツ2「ツイてる!」

このように言葉は、ただの伝達手段ではありません。脳に再入力され、心をコントロールするうえで大きな力をあらわします。昔の人は「言霊《ことだま》」といい、言葉には不思議な実現力があると考えました。私も子供のころ、「そんなことをいうとホントになる」と母から注意されたものです。「くだらない迷信だ」とバカにしていましたが、脳の「入力・出力」の仕組みがわかると、それには理由があったのだと納得できます。

ここで、最高の「言霊」を紹介しておきましょう。それは「**ツイてる！**」という言葉です。信じられないかもしれませんが、これは私たちの脳を肯定的にする最高の言葉です。

ウソだと思って、口に出していってみてください。ピンチのときも「ツイてる！」。調子の悪いときも「ツイてる！」。ピンチとは、ツキのない状況ですから、本当にそう思える人はほとんどいないでしょう。しかし、ウソでもいいのです。自分の脳に肯定的な入力を行うことが大切なのです。

ツキ・運は、人間の力を超えた超自然のパワーです。そんなものは信じないという人でさえ、どこかにそんなものがあればいいという思いが潜んでいます。ですから、だんだん自分の力を超えた何かに応援されている気になってきます。大きな力に守られている気がしてきて、不思議と自信が出てくるのです。

一般の社会でも、どん底に落ちながら最後に成功する人は、どんなひどい環境にいても「おれはツイてる！」と思っています。だから不満がなく、脳を肯定的にできる。最後はどん底からはい上がって、成功してしまうのです。

▼プラス思考のコツ3「イエス・バット法」

「イエス・バット法」は、私たちの脳に生まれたマイナスイメージやマイナス思考を肯定的に切り替えるもうひとつの方法です。たとえば、ピンチに立たされたときの「困った。うまくいくだろうか」という不安。いったん不安にとらわれると、「大丈夫だ。絶対うまくいく」と思いたくても思えないものです。

ですから、まず「YES」と受け流します。「そうだ（YES）、本当に困った」と、マイナスの思いをいったん承認します。承認してから、ホコ先を変えるのです。

「困った。うまくいくだろうか。そう（YES）、うまくいかないかもしれない。けれど（BUT）、このときのために練習を重ねてきたんじゃないか」

「けれど（BUT）、おれだけじゃない、相手だって不安なはずだ」

「けれど（BUT）、ここがおれの正念場だ。成功を信じてやるだけだ」

監督に叱られるときも、最初から「ダメだ。ダメだ」といわれるより、「うまくなったなあ。あとひとつだけ直せば、パーフェクトだ」と叱られるほうが、はるかに受け入れやすいですね。マイナス思考はダメだと否定するより、いったん承認してから、次にプラス思考にいい換えるほうがずっとうまくいくのです。

ためしに、次にあるマイナスのセルフトーク（独り言）を、「イエス・バット法」でプラスのセルフトークに書き換えてみてください。

ああ、きょうは練習に行きたくない。

↓ YES、BUT

どうしてランニングばかりさせるんだろう。つまらないなあ。

↓ YES、BUT

こんな目標はおれにはムリなのかもしれない。

↓ YES、BUT

絶好のチャンスだ。でも、失敗したらどうしよう。

↓ YES、BUT

とても簡単な方法ですが、慣れないうちはうまく言葉が出てこないかもしれません。けれど、続けてみてください。これがクセになると意識せずに行えるようになり、いろいろな場面で大きな効果を発揮します。

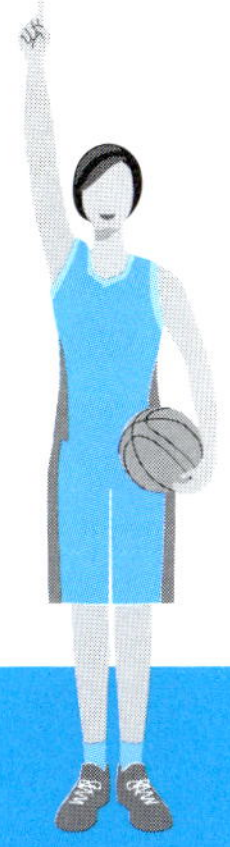

メンタルトレーニングの基本ステップ②

2-4 3つの道具を使って心をコントロールする

BRAIN & MENTAL TRAINING

プラスに変わった心を維持する

メンタルトレーニングのステップ1として、「プラス思考」や「イエス・バット法」を取り上げました。プラス思考もイエス・バット法も、肯定的な思いを持つための方法です。けれど、私たちの思いはとても変わりやすく、一度プラスになっても何かあるとすぐに変わってしまいます。それを強力な道具を使ってコントロールし、スポーツ選手に必要な〝思い〟をつくるのがメンタルトレーニングです。

その道具には次の3つがあります。

・言葉
・体の動き（動作・表情・ポーズ）
・イメージ

つまり言葉と体の動き、イメージを使って、脳へ〝思い〟を入力していくのです。ステップ2として、この3つの武器の使い方をお話しましょう。

セルフトーク——言葉には不思議な力があった

私たちはよく独り言をいいます。ときどき電車の中などで、大声で独り言をいっている人を見かけますが、ああいう病的な独り言ではありません。

失敗すると、「クソッ」「ダメだ」。狙い通りのプレーができると、「やった！」「ヨッシャー！」。ピンチでは、「ヤバい」「まいったな」「これは難しいぞ」など。意識せずに、ひとりでに出てくる言葉があります。はっきり口に出さなくても、つぶやいたり、頭の中でいったりしている独り言まで含めると、かなりの独り言をいっています。

注意して観察していると、私の1日は独り言の連続です。先に「言葉には不思議な力がある」と述べましたが、あなたの独り言やつぶやきをすべてプラスの言葉に変えたら、あなたの1日はまるで違ったものになるかもしれません。

試合中の独り言を「**セルフトーク**」といいます。セルフトークがいかに私たちの心を支配し、競技力に影響を与えるかを調べた実験があります。

ゴルフの選手を集めて2つのグループに分け、1つのグループには競技中、プラス言葉のセルフトークをしてもらいます。「いいぞ」「今日は絶好調だ」「大丈夫」「うまくいく」「このアプローチは簡単だ」「狙い通りにいきそうだ」など。何でもいいからとにかくプラスの言葉をつぶやきながら、ゲームを行います。

もう一方のグループは、逆に「しまった」「ダメかもしれない」「難しい」「うまくいくはずがない」など、マイナスのセルフトークをしてもらいます。

ここで重要なのは、本当にそう思うかどうかは別にして、そうしてもらうというところです。実際の思いに関係なく、最初のグループはプラス言葉だけを、もう1つのグループは、マイナス言葉だけを口にし続けるのです。すると、2つのグループの成績に明らかな違いがあらわれました。不思議なことにプラスのセルフトークを行っていたグループのほうが正確さや安定度が増し、よいスコアを残せたのです。

①自分のセルフトークに気づこう

セルフトークも脳が行う出力の一種です。ふだん知らず知らずに行っているセルフトークには、私たちの脳の状態、つまり心の状態があらわれています。ですからセルフトークに注意することで、自分の心の状態に気づけます。

・否定的な脳はマイナス言葉が多い……あ〜あ／チェッ／イヤだなあ／調子悪いなあ／面倒だ／やりたくない／たいへんだ／面白くない／つまらない／困った／どうしよう／気分悪い／またかよ／ダメかも／ツイてない／どうしよう

・肯定的な脳はプラス言葉が多い……よし／いいぞ／やるぞ／絶好調だ／最高だ／気分いい／おや、どれどれ／面白い／楽しい／もっとやりたい／ツイてる／ラッキー

私たちは、自分の心の状態にあまり注意を向けません。それで否定的な脳のまま試合や練習に入り、発揮能力が落ちたままプレーしたり、保有能力の低い状態で練習してしまうことになりがちです。

自分の心の状態に気づくこと。それがメンタルトレーニングの第一歩です。

それには自分のセルフトークを意識することです。もしマイナス言葉が多ければ、あなたの心（脳）は否定的になっています。そのままマイナスのセルフトークを続けていれば、出力された言葉が脳に再入力され、ますます「イヤだ」「困った」「面倒だ」「調子が悪い」「うまくいかない」を強化してしまうのです。

② セルフトークをプラスに変えよう

自分のマイナストークに気づいたら、それをプラスのセルフトークにチェンジしてください。「いいぞ」「やるぞ」「絶好調だ」「最高だ」「気分いい」「ツイてる」。もちろんその言葉は、ウソであってかまいません。そのウソが大事なのです。

ウソのプラス情報も脳に入力されると、扁桃核の判断を変え、肯定的な脳に切り替えてくれます。その結果、発揮能力も高まるというのが先のセルフトークの実験です。

難しいアプローチを前にして、「これは難しい」とつぶやけば、その瞬間に脳は否定的になります。右脳には狙いを外すボールのイメージが浮かんでいます。前に述べたように人間の脳は、自分がいだいたイメージを実現しようとするので、その〝外れるボール〟のイメージが実際に実現してしまうのです。

そのとき、否定的になった心を立て直すのは至難のワザです。ですから心を変えようとするよりも、ウソの情報で脳をチェンジする。これなら簡単にできるでしょう。だまされて脳が変われば、心も自然と変わります。

③ 効果的なセルフトークを決めておこう

あらかじめ自分の最強セルフトークを決めておき、それがいつも自然に出てくるようにトレーニングしておきましょう。

強気の言葉、できる言葉、自信満々の言葉を決めておき、それを常に語りかけるようにします。

イヤなことに遭遇したとき
例：「自分はツイてる」「これは絶好の試練だ」

練習に行きたくないとき
例：「スキルアップしに行こう」「さあ、楽しんでくるぞ」

ピンチのとき
例：「腕の見せどころだ」「最高にカッコいい自分を見せられる」

苦しいとき
例：「苦しいから成長できる」「もっともっと成長してやろう」

これ以外にも、自分に多いマイナス言葉のかわりに、いつでも使えるプラス言葉を用意しておきましょう。そして、ウソのプラストークをしてください。そのウソに、あなたの脳はコロリとだまされ、プラスイメージとプラス感情を生み出す肯定的な回路にスイッチが入ります。そうなるように毎日トレーニングすることが大切です。

プラスの入力は、その数が多くなるほど簡単に扁桃核を変えてくれます。ちなみに私どもが指導に入るチームでは、マイナス言葉は一切禁止です。

ボディ・ランゲージ——ガッツポーズは心まで変えていた

独り言のほかに、私たちが無意識にしてしまう行為があります。

たとえば、ホームランを打った打者は、ベースをまわりながらガッツポーズをしたり、腕を突き上げたりします。逆に三振した選手は、バットで地面をたたいたり、首を傾げたりして悔しさをあらわします。

みなさんもミスしたときは、無意識に「チェッ」と舌打ちするとか、唇を曲げて顔をしかめるとか、あるいはうなだれたりするのではないでしょうか。自信のない人はキョロキョロと落ち着かず、貧乏ゆすりをしたり、背中を丸めたりするものです。独り言と同じように、私たちの動作や姿勢、表情には心の状態があらわれます。

これを「**ボディ・ランゲージ**」といいます。言葉ではなく、筋肉の動きを通して心の中を語っているのです。

筋肉は脳が動かしているといいましたが、脳の状態が動作や態度、表情となってひとりでにあらわれてきます。

① 自分や人のボディ・ランゲージに気づこう

選手のみなさんは、試合でも練習でも無意識のうちにいろいろなボディ・ランゲージを行っています。

それに意識を向けることで、自分の心の状態に気づけます。セルフトークと違うのは、独り言は本人にしかわかりませんが、ボディ・ランゲージはまわりの人間にも見えるところです。

たとえば、シュートを外してピッチでうなだれてしまう。急に元気をなくして、走りが悪くなる。あるいは地面を蹴飛ばす。フテ腐れた態度を示す選手もいます。それを見たチームメイトは、どう思うでしょう。イヤな気分になり、張り詰めていたものが切れて、せっかくの闘争心も低下してしまうということが起こるかもしれません。

味方だけでなく、敵もそのボディ・ランゲージを見ています。「やる気をなくしたな」「この試合はもらった」という気持ちにきっとなるでしょう。

注意したいのは、動作や態度、表情はみんなが見ているということです。

しかしそこにはメリットもあります。野球の場合でいえば、落ち込んだとき帽子を深くかぶったり、腕組みをしたりする選手がいます。チームメイトのそういうクセを知っていれば、「ドンマイ。気にするな」と声をかけるとか、親指を立てて「大丈夫！」と伝えたり、タイムをとって励ますこともできるでしょう。

ボディ・ランゲージの場合は、自分のボディ・ランゲージだけでなく、人のそれにも気づくことが大切です。

チームでそれぞれのクセを話し合い、気づきをみんなで共有していれば、気持ちをあらわすサインにもなるのがボディ・ランゲージです。

② ボディ・ランゲージをプラスに変えよう

動作や態度、表情も、もちろん脳から出力されてくるものです。言葉は理屈脳（左脳）を通してやってきますが、筋肉の動きは理屈抜きです。その分、強力で、言葉以上に強く脳と結びついています。

ためしにガッツポーズをしてみてください。それだけで気が締まり、「よし！」という気持ちになってくると思います。力いっぱい拳を握りしめてみましょう。腕と手の筋肉に思い切り力を入れただけで、なぜか闘志がわいてきます。つまり、筋肉の動きは脳の動きと連動していて、それを使って心に変化を起こせるのです。

私が指導した選手の中に、この拳を握りしめるポーズを使って、否定的になりかけた脳を切り替えていた選手がいます。

WBCスーパーフライ級の元世界チャンピオン川嶋勝重さんです。相手に押される劣勢の試合展開で、つい弱気になりそうなときも、ラウンドの合間に拳を握ると、ひとりでに「勝てる!」という気持ちがわいてきたといいます。

しかし、自然にそうなったのではありません。弱気になってしまう状況では、その現実が圧倒的な迫力で脳にのしかかってきます。ただ拳をつくるぐらいでは、扁桃核の〝不快〟を変えることはできません。

ですから、ボディ・ランゲージを使うにはトレーニングが必要です。拳をつくっては、「できる!」「勝てる!」という暗示を自分にかける。毎日の生活の中で、それを繰り返し行っているうちに、川嶋さんのように拳のポーズをつくるだけで、どんな苦しい状況でも「できる!」「勝てる!」と思えるようになるのです。

これを条件づけといいます。「パブロフのイヌ」という有名な実験があります。イヌの前にエサを置くと、イヌの脳は唾液の分泌を指令し、口からヨダレがあふれてきます。パブロフ博士は毎日ベルの音を聞かせてから、エサを与えました。それを繰り返すうちに、イヌは、目の前にエサがなくても、ベルの音を聞くだけでヨダレをたらすようになりました。つまりベルの音に、唾液が条件づけられてしまったのです。

ボディ・ランゲージの仕組みも同じです。

毎日のトレーニングによって、拳に「できる！」「勝てる！」が条件づけられると、拳をつくるだけで「できる！」「勝てる！」と、ひとりでに脳が反応するようになります。

たとえば、先ほどガッツポーズをしてみてくださいとお願いしました。ほとんどの人はそのポーズをとるだけで、「よし！」という気持ちになると思います。

それは私たちが練習や試合の中で、最高のプレーができたとき、思い通りになったときにガッツポーズを繰り返してきたからです。あるいはテレビなどの映像を通して、それを脳に焼きつけてきました。ガッツポーズに「よし！」「ヨッシャ！」「やった！」が、いつの間にか条件づけられてしまったのです。

この条件づけを利用すれば、自分の脳をチェンジするボディ・ランゲージをいくらでもつくることが可能です。

③ 最高のボディ・ランゲージをつくろう

自分の心をコントロールするために、いろいろなボディ・ランゲージを決めましょう。

参考に、私どもが指導した例を紹介してみます。

たとえば、駒大苫小牧高校の場合は、今や有名になり、あちこちでマネされているナンバー1ポーズでした。人さし指を立てて、腕を突き上げるあのポーズです。それは全国制覇を目指したチームが、全員で決めた目標達成のボディ・ランゲージでした。冬のあいだ、雪におおわれる苫小牧のグランドでノックを受けながら、そのポーズをとって目標達成を心に誓い、チームの一体感をつくり上げていったのです。

甲子園のグランドでも、それをやったに過ぎません。ピンチやチャンスを迎えるたびに、ナンバー1ポーズをとる。その指の上には空があり、その空は全国制覇という、とんでもなく大きな夢を追って苦しい練習に耐えながら、みんなで腕を突き上げて見上げた北海道の空につながっています。甲子園という大舞台でもそれを思い出し、心を奮い立たせていたのです。実況中継のアナウンサーが、「1アウトのサインでしょうか」といっていましたが、あのボディ・ランゲージにはそういう意味があったのです。

北京オリンピックの女子ソフトボールの選手たちも、同じナンバー1ポーズをとっていたのを記憶している人がいるかもしれません。ただ彼女たちは、胸に赤く記された「JAPAN」のロゴにふれてから腕を突き上げていました。舞台裏を明かすと、目標達成のボディ・ランゲージを決めるとき、ナンバー1ポーズは最高にいいけれど、そこにもうひとつ加えたいという意見が出ました。ロゴを一直線に切って、日本代表としての使命感を加えることになったのです。

選手のみなさんは、自分（チーム）のボディ・ランゲージを決めてください。

目標達成のポーズ

例：ナンバー1ポーズ

ガッツがわいてくる動作

例：拳をつくる／ガッツポーズ／親指を立てる

弱気を切り替える動作

例：手をたたいて声を出す／腕をまわす／屈伸する

落ち着いてベストプレーをイメージするポーズ

例：胸に手をあてる／額に手をあてる

④決めた動作・ポーズを自分のものにしよう

ここでは選手のみなさんに一番役立ちそうな、4つのボディ・ランゲージをあげました。もちろんさまざまな場面を想定して、他にもいろいろな動作やポーズを決めておいてもかまいません。練習がつらくなったら、それをやって気持ちを集中させる動作とか、好プレーのあと、舞い上がりそうな心をクールダウンさせるポーズとか、監督に怒られて不満を持たないために、手を合わせて感謝するポーズなどもいいかもしれません。合掌しておじぎでもしたら、「バカにするな」と腹を立てる人もいるので要注意ですが……。

しかしボディ・ランゲージは、動作やポーズを決めただけでは役立ちません。その動作をしてポーズをとると、自動的に心が切り替わるように条件づける必要があります。

動作やポーズに暗示を加えます。ナンバー1ポーズなら、そのポーズをとって目標達成や、その喜びをイメージします。自己暗示を効果的にするには、リラックス状態で行うことが大事です。あとでお話するクリアリングの腹式呼吸で、心と体をリラックスさせ、落ち着いた気持ちになったところで行ってください。

「ポーズ→自己暗示」を最低でも1日5回は実行し、ポーズに思いを条件づけます。一緒に成功イメージ（もしくはプラスイメージ）も加え、「ポーズ＋成功イメージ（プラスイメージ）→自己暗示」にすると、さらに効果があります。それを毎日の練習や、練習試合の中でも行いましょう。

はじめは恥ずかしいかもしれません。なにしろ失敗して落ち込むべきシーンでガッツポーズしたり、親指を立てたりして、「たいしたことない」「本当のおれはこんなものじゃない」などとセルフトークするのですから。個人で行う場合は、誤解されないようにチームメイトや監督にボディ・ランゲージの話をしておくほうがいいでしょう。

しかしそれを条件づけてしまえば、ボディ・ランゲージはすごい力を発揮します。

イメージング——脳はイメージを実現しようとする

メンタルのトレーニングでは、ランニングマシンも鉄アレイも使いません。使う道具は①**言葉**、②**体の動き（動作・表情・ポーズ）**、そして3つ目が③**イメージ**です。

イメージを利用したトレーニングというと、ゴルファーやプロ野球選手が行う「**メンタルリハーサル**」がよく知られています。自分のベストプレーが映ったビデオを繰り返し見て、理想のフォームを頭に焼きつけ、そのイメージを反復することでフォームを修正し、イメージ通りに体が動くようにするためのトレーニングです。

メンタルトレーニングをまったく知らない人は、頭の中につくったイメージで体の動きが違ってきたり、試合の場で理想のフォームを再現できたりするということが、なかなか信じられないようです。しかし人が行動するときは、どんな場合もイメージが先にあります。イスに座るにも、コーヒーを飲むにも、脳は「イスに座る」「コーヒーを飲む」というイメージを前もってつくり、それを実現するために体に動きを指示するのです。ですからパフォーマンスを向上させるには、理想のイメージを入力することが重要なのです。

実際、毎日の練習も、それによって理想のイメージをつくり上げ、その通り実行できるようにするために行います。「体で覚える」とよくいいますが、それは練習を通して、理想の動きを脳に焼きつける作業です。

もちろんイメージングだけで、スキルがアップするわけではありません。練習で体を動かすのは、脳の指令を筋肉へ届ける伝達ルートを太くし、スピードアップを図るためで、練習しなければ、脳のイメージも素早くスムーズに伝わりません。しかしその練習も、ベストのイメージがあるのとないのとでは、成果がまるで違ってきます。

スポーツ心理学の実験でも、初心者がメンタルリハーサルを行いながら練習した場合と、ただ練習した場合では、上達度に大きな差があらわれることが確かめられています。

つまりイメージングは、発揮能力の面でも保有能力の面でも、スポーツ選手の可能性を決めるカギになるのです。

① 目標は忘れやすいことに気づこう

メンタルリハーサルには2つの種類があります。

ひとつは、イメージを使って脳にベストなフォームを焼きつけたり、理想の試合展開を予行演習する実戦的なメンタルリハーサルです。もうひとつは、目標達成のイメージをつくり、モチベーションを高めるメンタルリハーサルです。

実戦的なメンタルリハーサルについては、次章で方法をお話するので、ここでは私たちの目標達成のイメージングを取り上げましょう。そこで、選手のみなさんに質問です。

あなたはどんな目標を持って、練習に取り組んでいますか？

あなたはどんな目標を持って、試合にのぞんでいますか？

こういう質問をすると、さすがにプロや実業団の一流選手は、いつも明確に目標を意識していています。しかし高校生や大学生になるとそれがなく、漫然と練習に出て、漫然と試合をこなしている選手が非常に多いのです。

練習前に「今日は練習する気がしないなあ」とか、試合のあとで「あ〜あ、負けちゃった」などと平気で口にするのは、たいていそういう選手です。

しかし、そういう選手に目標がないわけではありません。今のスポーツ界では、目標設定の大切さはよく理解されています。チームでも目標を持たないところは、あまりないでしょう。ところが、その目標を忘れてしまうのです。

目標を持っている選手でも、それを簡単に忘れます。人間は忘れる動物ですから、素晴らしい目標や目的があっても、ふだんはそれを思い出しません。めったに意識せず、ほとんど忘れています。それでは目標の意味がありません。

目標は、私たちのモチベーションを高め、やる気や意欲、苦しさに耐える辛抱強さを与えてくれるものですが、それを思い出さないのでは何の意味もありません。

ですから目標達成をイメージし、それをしっかり脳に刻み込むのです。明確な目標を絶えず意識していれば、「練習は面白くない」「早く練習が終わればデートできるのに」といったイメージは浮かびません。試合でも、「負けたら怒られる」とか「明日からしごかれるぞ」などの、X型の思いは浮かんでこないでしょう。

人間の脳は、自分がいだいたイメージを実現しようと全力で動きます。達成のイメージで自分の目標を脳に定着させることが大事なのです。

②目標達成に効果的なイメージングを知ろう

目標を持つことは難しくありません。単なる夢ですから、誰でも簡単に持てます。しかし目標達成をイメージするのは、そう簡単ではありません。なぜなら前に述べたように私たちの脳は、過去の記憶データに基づいて判断するからです。

これまでの経験から考えて、「そんな目標は達成できっこないよ」と判断し、扁桃核が不快になってしまうのです。そこで、扁桃核のその判断を変えさせる必要があります。「できる！」と脳に思い込ませ、イキイキとしたイメージをつくるのが、ブレイン&メンタルトレーニングのイメージングです。

効果的なイメージングの原則がいくつかあります。

・「こうなればいいなあ」「ああなりたい」は、まだ願望であり、達成のイメージではありません。願望は、どこかに「できないかもしれないけど、できたらいい」という思いを含んでいます。貧弱なイメージしかわかないので、脳は全力で働きません。

・脳を全力で働かせるような、実現力を持ったイメージは、「必ずこうなる」「必ずああなる」です。未来のことではなく、現在のこととしてイメージします。だからこそ〝達成〟

のイメージングなのです。すでに目標が実現してしまった状態、今まさに実現しつつある状態として思い浮かべてください。

・細部までリアルにイメージします。たとえば、甲子園優勝であれば、決勝戦で勝利をつかんだときに球場全体にわき起こる大歓声や、マウンドに駆け寄るチームメイト。そのときのみんなの表情や、抱き合ったときの感触まで想像します。手にずしりと来る深紅の優勝旗の重さ、首にかけられたメダルの輝きもリアルさを増してくれるでしょう。

・そこに、自分の感情を加えてください。大歓声に包まれたときのワクワク感、仲間と抱き合ったときの爆発的な喜び。あんなに厳しかった監督の目に涙があふれているのを見て、これまでの努力がすべて報われたのだと思える瞬間の感動。感情は、右脳のイメージを感情脳まで落とし込んでくれます。

こういう目標達成のシーンを繰り返し入力すれば、私たちの脳はその気になり、本気になってイメージを追いかけはじめます。

③ 限界を超えた目標をイメージしよう

今お話ししたイメージングの原則のほとんどは、従来のメンタルトレーニングでもいわれています。しかしこれだけでは、成功のイメージをつくれる人と、つくれない人が出てきます。私がメンタルトレーニングを指導しはじめたばかりのころ、ぶつかったのもその問題でした。一部の優秀な選手は、ラクラクと目標達成を思い描けるのに対し、大半の選手はうまくいきません。それはすでに述べたように扁桃核が抵抗するからです。

成功体験の多い選手は、体験を簡単にイメージできます。指導などされなくても無意識のうちにそれをしているのがトップアスリートです。

しかしそれほど成功体験が多くない一般の選手や、成功体験が少ない負け組の選手は、扁桃核がこれまでのデータに照らし合わせて判断するので、知らないうちにどこかに「できないかもしれない」「できっこない」が入り込んでしまうのです。

そういう選手が、100%肯定的な目標達成をイメージするには、自分のデータ以外の何かが必要です。いい換えれば、〝自分〟を超えた何かが必要なのです。それが第1章で少しふれた〝使命感〟です。自分以外の誰かのためにという思いが、心を奮い立たせ、自分のデータから導き出された限界や壁を突き崩してくれます。

目標達成のイメージングが、単なる右脳の作業だけでなく、脳の底にまで落とし込まれ、本当の力になるのは、データを超えたイメージを持てたときです。

④自分の目標に「魔法の粉」をふりかけよう

「自分以外の誰かのために――」

それが前にお話した目標を超えた〝目的〟であり、目標にふりかける魔法の粉です。

北京オリンピックの女子ソフトボールでは、「不敗の王者アメリカを倒して金メダルを獲る」という目標に、ソフトボールがオリンピックの公式種目から除外されることが確実になった状況の中で、「ソフトボールに打ち込んでいる子供たちに、夢と元気を与えるため」という目的が重ね合わされました。

その目的で盛り上がる選手たちの中で、ショートの西山麗選手がそっと打ち明けてくれたことがあります。

西山選手は重い心臓病で、14歳のときに心臓の手術を受けました。そのため中学生で一度ソフトを中断しますが、「グランドで倒れて死んでも後悔しない」と、両親や医師を説得して復帰したのです。

「私にはもうひとつ目的がある」と、彼女はいいました。

「世界中に同じ病気の人がたくさんいます。その人たちは、いつ心臓が止まるかとビクビクしながら暮らしている。その人たちに、病気をかかえた私が全力で走る姿を見せたいんです」

同じ病気で苦しんでいる世界中の患者さんに、自分の体を使って希望と勇気を届ける。それが彼女だけの目的であり、使命感でした。

あなたは自分の目標に、どんな目的を重ね合わせますか？

女子ソフトボールの日本代表や、西山選手のような使命感はまだ持てないかもしれません。しかし駒大苫小牧の選手たちのように、「まわりの人を元気にする」という目的なら持てそうな気がしませんか。少なくともあなたが目標を達成したら、自分のことのように喜んでくれる人が、あなたのまわりには必ずいるはずです。

目標達成のイメージングに、その人たちが喜ぶ笑顔をふりかけてください。

あなたがそんなに頑張るのは、誰のためでしょうか？

第3章

最適戦闘状態をつくる 最強のトレーニング

3つのプロセスで心と体を完璧に仕上げる

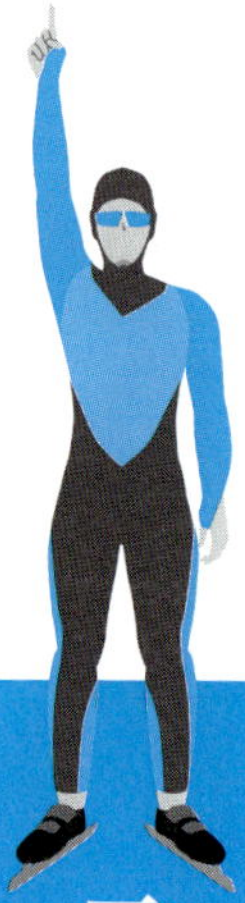

三気法の基本的な考え方①

3-1

メンタルを変えると ゾーン状態になれる

BRAIN & MENTAL TRAINING

三気法で心と体の「最適戦闘状態」をつくる

「無心でやれた」
「最高に充実していた」
「気がついたら勝っていた」

オリンピックなどの大舞台で活躍した選手が試合を振り返り、しばしばそんないい方をします。「無心でやれた」とは余分な雑念がなく、我を忘れるほど集中できたということです。反対に試合で実力を出しきれず、ふがいない結果に終わった場合、私たちは「集中力を欠いていた」「気力が充実していなかった」などといいます。

私たちに１００％の実力、ときには１１０％、１２０％の実力を発揮させるのは、この我を忘れた集中や、気力の充実です。

気力が充実し、集中力が最大限に高まった状態を「**最適戦闘状態**」といいます。

競技スポーツの目的は「勝つこと」です。試合で負けることは、アスリートにとって何より悔しいことです。それも持てるものを出しきれずに負けてしまったといった、ふがいない試合ぐらい悔しく、情けないものはないでしょう。

しかし試合や大会などの本番では、自分の能力を十分に出して戦うということがなかなかできません。それが一番難しいことなのです。その理由は、緊張や不安、あせり、またミスやアクシデント、あるいは会場の雰囲気など、さまざまな状況や出来事によって心が乱され、普段のプレーができなくなるからです。大きな大会になればなるほど、また実力伯仲の対戦相手であればあるほど、そういう傾向が強くなります。つまり負けられない試合ほど、心の乱れが試合を決定づけることになるのです。

どんな試合でも、またその試合中に何が起ころうと、乱されることなく、気力の充実した最適戦闘状態で戦える心をつくり上げるのが、これからお話するブレイン&メンタルトレーニングの「三気法」です。

集中とリラックスが共存する「ゾーン」状態

集中力が最大限に高まった状態とはどんな状態でしょうか。

みなさんも、「ゾーン」という言葉を聞いたことがあるかもしれません。集中力が異常なほど高まり、心と体がひとつになったように思いのままに体が動く、瞬間的な分析力や判断力も冴えきって、次々にプレーがキマる。優秀なアスリートには、そんな特別な状態がまれに起こることがあり、それをスポーツ心理学では「ゾーン」と呼んでいます。

これまでゾーンの状態は、たまたま偶発的に選手に訪れるもので、なろうと思ってなれるものではないと考えられてきました。ですから、それを〝神がかり〟状態と表現する人もいます。

しかし他の心理状態と同様、ゾーンもある条件によって起こります。その条件さえそなえられたら、たまたま偶発的にしか起こらなかったゾーンや、ゾーンに近い状態を自らつくり出せるのです。

次ページにある図を見てください。

ゾーンはこういう状態で起こる

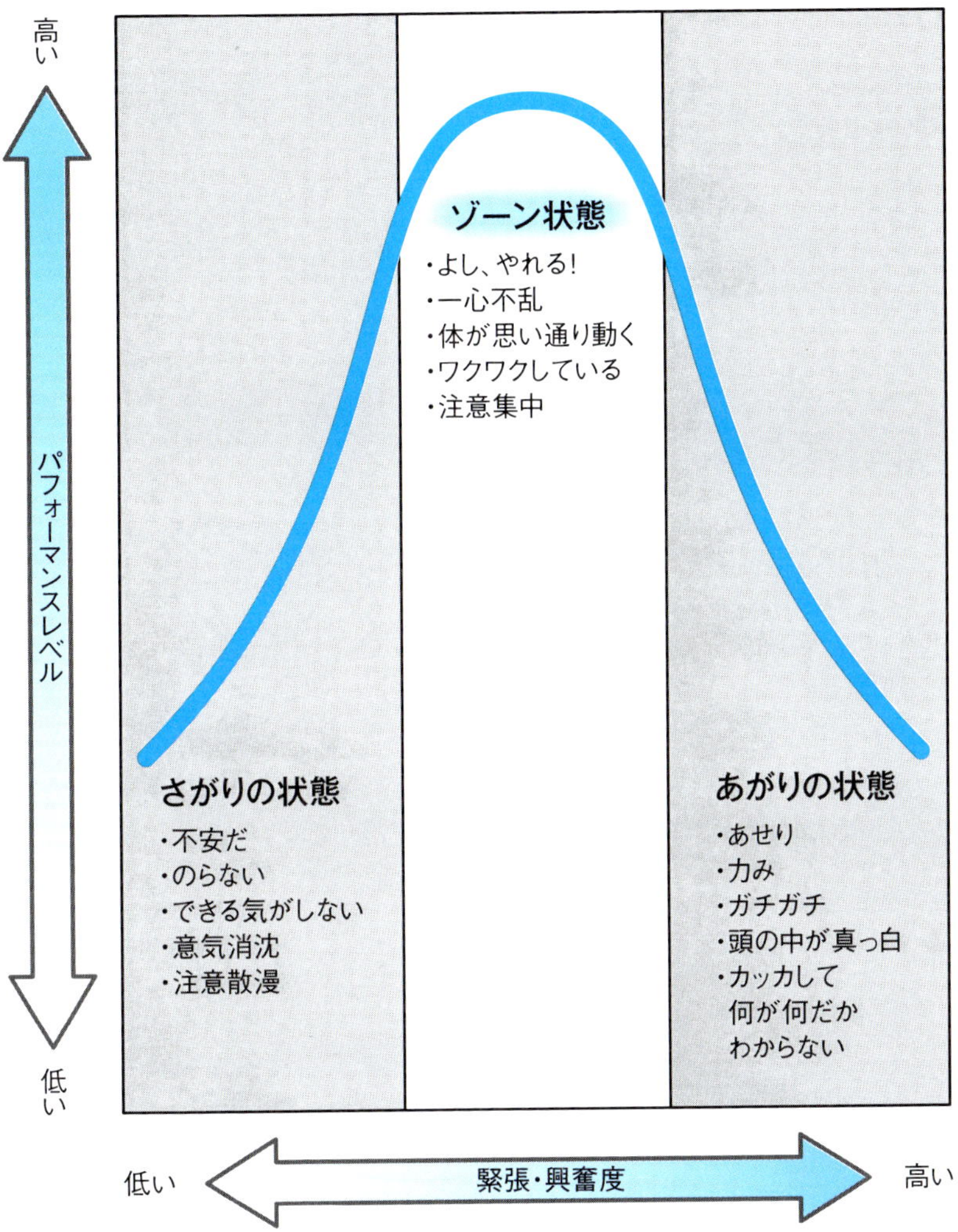

図のタテ軸は、パフォーマンスのレベルをあらわし、ヨコ軸は緊張・興奮度を示しています。つまり右側に行くほど緊張が高まった興奮状態であり、左側に行くほど緊張感の失われた、力の入らない状態になっています。

右側と左側にはそれぞれ、そういうときの心理状態があげられていますが、たぶん選手のみなさんには覚えのあるものばかりでしょう。

真ん中の∩部分の上部にゾーンがあります。絶好調で体と心が完全に一致し、実力以上の超ベストパフォーマンスができてしまう状態です。

この図からわかるのは、緊張・興奮の度合いが高すぎても、また低すぎても、人は集中できないということです。ゾーンに入るには適度なリラックスが必要なのです。つまり、それがゾーンの特徴です。

――リラックスしながら集中している、集中しながらリラックスしている

集中とリラックスという、一見正反対のものを同時に実現することが、なかなかゾーンに入れない、まれにしかそれが起こらない理由です。

「三気法」は、ゾーンの特徴である、集中とリラックスを同時に実現する方法であり、〝三〟というのは、そのための3つのプロセスのことです。

ベストパフォーマンスを可能にするメンタリティ

先に「ベストプレーができた試合の心理状態」を尋ねたアンケートにふれましたが、そのアンケートで選手たちがあげた答えを整理すると、次の3つになります。

①落ち着いていた・冷静だった（冷静）
②ワクワクしていた・試合を楽しんでいた（ワクワク）
③負ける気がしなかった・ピンチでも強気でいけた（強気）

選手のみなさんも自分の経験を振り返って、なるほどそうだと納得できるのではないでしょうか。

じつはこの3つが、ベストパフォーマンスを可能にする心理状態です。しかも別々ではなく、最適戦闘状態の選手はそれらを同時に持っています。

集中しながらリラックスしているといっても実感がわかないかもしれませんが、簡単にいえば、「冷静」「ワクワク」「強気」の3つが心の中に同時に存在し、1つになった状態のことです。137ページにある「ゾーン」の図にもさまざまな心理状態が書き込まれていますが、整理すればゾーンはこの3つの心から生まれることがわかります。

① 冷静

あせったり、あがったり、頭が真っ白になった状態では、思うようなプレーはできませんね。緊張しすぎたり、興奮しすぎたりしても、気持ちだけが空回りしてしまいます。

ふだん選手のメンタル面に関心を払わない指導者も、試合直前になると選手の心理を考えるようになります。つまり気合いを入れ、カツを入れることで闘争心を高めようとします。いつもは選手の心など意に介さない指導者ほど、そうなりやすいものです。

しかし「頑張れ！」「死ぬ気でやれ！」とカツを入れ、緊張感を高め、興奮度を上げるだけではダメなのです。

選手も同じです。「勝とう！」「負けられない！」「ヨッシャ！」だけでは、うまくいきません。そんな状態では筋肉も過緊張に陥り、体がガチガチになっています。まわりが見えなくなり、せっかくのチャンスをつぶしたりするのも、緊張しすぎると左脳の分析・判断機能が低下してしまうからです。ですから選手の心を見抜く監督やコーチなら、そんなときは「肩の力を抜け」とか「もっとリラックスしろ」とアドバイスするでしょう。

けれど、どうしたら肩の力が抜けるか、もっとリラックスできるかまで正しくアドバイスできる監督やコーチは、なかなかいません。肩を上げ下げする、手をブラブラさせる、屈伸運動をする。それもひとつの方法ですが、いったん冷静さを失った選手は、それぐらいでは容易に落ち着きません。

試合やプレーに集中し、どんな状況にも的確に反応し、ベストな行動をとっさにとるには、いつでも心の雑音を消して、心の落ち着き・冷静さを取り戻す技術が必要です。

② ワクワク

すでに述べたように、脳の実行機能が一番高まるのはワクワク感があり、楽しみながら取り組んでいるときです。「ワクワクしていた」「楽しんでいた」というのは、試合で活躍した選手が共通していう言葉です。活躍できたからワクワクし、楽しかったのではなく、ワクワクした心だったからこそ活躍できたのです。

こうしたことは、心の状態とパフォーマンスの関係に意識的な一流選手なら、よくわかっているはずです。しかし実際の試合になると、なかなかワクワクしません。「勝たなければ」「負けられない」「この相手は強い」というプレッシャーが、のしかかってくるからです。それをはねのけ、ワクワク感を維持できる選手がトップアスリートです。

野球選手がホームランを放ち、サッカー選手が難しいシュートを決めたときの「やった！」「おれってスゴイじゃん」という最高の喜び。プレッシャーをはねのけて、実際のホームランやシュートを呼び込むのは、その喜びに対するワクワク感です。練習という詰める作業を行うのも、じつはこのワクワク感を確実なものにするためです。

③ 強気

冷静とワクワクについて述べましたが、この2つだけではファイトのために最も必要な闘争心が不足し、最適戦闘状態に入れません。競技スポーツは闘いであり、相手を圧倒するパワーが必要です。しかし闘争心を高められないと、そのパワーやバイタリティ、ガッツもなくなり、逆に相手に圧倒されてしまいます。いわゆる「のまれた」「気合い負けした」状態です。粘り強さを欠き、勝利への執着心も乏しくなってきます。

実際のところ、そんなメンタリティで最高のパフォーマンスを発揮し、難しい試合に勝つのは不可能です。前の章で説明したように、人の心はすぐに体の状態にあらわれます。「今日は体が重い」「体のキレが悪い」「思うように動けない」などというのは、体のコンディションより、心のコンディションに原因のあることが多いのです。

闘志満々で、その闘志が体のすみずみまで行きわたっているような状態。また、気合いが入り、何があってもへこたれずに勝利へ向かって突き進めるような心身の状態。これが強気であり、それをつくるために行うのがサイキングアップです（ただし、あとで述べるように競技の種類によって、強気の最適さは違ってきます）。

この「冷静」「ワクワク」「強気」の3つがそろうと、私たちの心身は自動的に最適戦闘状態に入ります。そのどれかひとつが抜けても、ベストパフォーマンスを可能にする心身の状態はつくれません。

たとえば、サッカー選手がボールを追って走るとき、ピッチに散らばった敵味方の位置を把握し、瞬間的に自分の役割を理解する「冷静さ」と、それがどんなに不利な状況でも、自分のベストプレーを頭に思い描ける「ワクワク感」と、自分の行く手に立ちふさがる相手を圧倒し、抜き去り、頭に描いたイメージを実現しようとする「強気」。最高に集中できて、ベストパフォーマンスを発揮できるのは、この3つがそろったときです。

メンタルトレーニングで一番難しいのは、この3つを同時にかねそなえることです。

逆に、この3つの大切さがわかれば、試合で失敗しても、何がいけなかったか、何が足りなかったかが理解できます。というのも、技術的に未熟なケースを除けば、試合での失敗は、ほとんどがこの3つのいずれかが欠けた場合に起こるからです。

三気法の基本的な考え方②

3-2

3つのプロセスが最適戦闘状態をつくる

BRAIN & MENTAL TRAINING

個人の心理を超えた「気」の存在

最適戦闘状態になるブレイン＆メンタルトレーニングの「三気法」は、その名前から想像できるように、東洋医学の「気」の考え方を参考にしています。

東洋医学といっても若い人はわからないかもしれませんね。その場合は、中国武術や健康法でいう気功や、ドラゴンボールのアニメに出てくる「元気玉」を思い浮かべてください。「元気玉」は、マンガであらわされた「気」のエネルギーです。

メンタルトレーニングを勉強したことのある人なら、ここに「気」という言葉が出てきたのに驚くかもしれません。というのも、従来のメンタルトレーニングでは、「気」のような伝統的な発想を非科学的なものとして排除してきたからです。しかし現場に行くと、今でも「気」という言葉が頻繁に使われます。「気合いを入れろ」「気を抜くな」「根気がない」などなど。けれど、どうしたら気合いを入れられるのかとか、気を抜かず、根気よくなるにはどうすればいいかは、監督やコーチもたいてい教えられません。

こういう方法論のない、精神主義的な指導法に対する反省から、心理的なテクニックを重視するメンタルトレーニングが広く行われるようになりました。

けれど、伝統的な指導法がダメなわけではありません。「気合いを入れろ」「気を抜くな」という言葉が、心理学の理屈よりも、選手にはピンとくることが多いのも事実です。なぜなら、心と体を一致させなければならない競技スポーツには、心理だけではコントロールできないものがあるからです。

心と体の一致を東洋では「心身一如《しんしんいちにょ》」といいます。スポーツ選手にとっては、理想的な状態です。その心と体は、「気」と呼ばれる同じエネルギーによって動かされていて、それが充実すると元気になり、枯渇すると病気になると東洋医学は教えてきました。

つまり「気」は増えたり減ったりするものであり、それによって心や体の状態が変わってくるのです。この増えたり減ったりする「気」を、選手のみなさんはたびたび実感しているはずです。たとえば、大きな競技会のあとは、どんな選手も心身消耗し、「気」がなえたような状態になります。そういうときにパワーを出そうとしても出ません。かえって、燃え尽き状態に陥ってしまいやすいのです。

また東洋医学によると、「気」には「外気」と「内気」があります。人は宇宙や大自然の中に満ちている外気を取り入れることで、自分の内側をめぐる内気を増やすという考えです。これも選手のみなさんは、覚えのあることでしょう。

たとえば、あなたが試合のグランドに立ったとします。おそらく大きな声援が聞こえてくるでしょう。優秀な選手は、その声援を上手に取り入れ、自分のエネルギーに変えています。個人の心理を超えた「気」がそこにもあるのです。

「気」とは何であるかという問題は、ここではふれません。大事なのは、①「気」という考え方を取り入れることで、心と体の両方を一緒に考えられること。また、②自分以外の人やもの（外気）が、自分の心身の状態（内気）に大きな影響を与えていることに気づき、外気を利用できるようになることです。

さらに、これは最も大切なことですが、③私たちの心身のエネルギーは増えたり減ったりするものであり、その変化の中で自分のメンタル状態をとらえることです。

三気法のプロセスは火山の噴火と同じ

試合に必要な「冷静」「ワクワク」「強気」の3つをそなえ、気力が最高に充実した最適戦闘状態になるために行うのが、「三気法」のメンタルトレーニングです。

ここでいう「気」を、火山のマグマにたとえてみましょう。

ご存じのように、マグマは火山の噴火エネルギーです。大地の下にあるマントルがドロドロに溶けたもので、地球の深いところから昇ってきます。昇ってきたマグマは、いったん火山の下にある「マグマ溜まり」に蓄えられ、やがてドカンと一気に放出されます。しかし、マグマ溜まりに十分なマグマがたまっていなければ、たとえ噴火してもエネルギーが足りないために、スカスカした〝しょぼい〟爆発になってしまうでしょう。

同じように「気」も、まず蓄えることが大切です。心のエネルギーが十分にたまらなければ、本番でそれを思い切り爆発させることはできません。

また、マグマ溜まりにたまったマグマは、そのまま放出されるわけではありません。そこで徐々に冷やされ、結晶化します。結晶化が始まると、マグマに溶け込んでいたガス成分が急激に気化し、それが激しい爆発を引き起こすのです。

気は火山の噴火に似ている

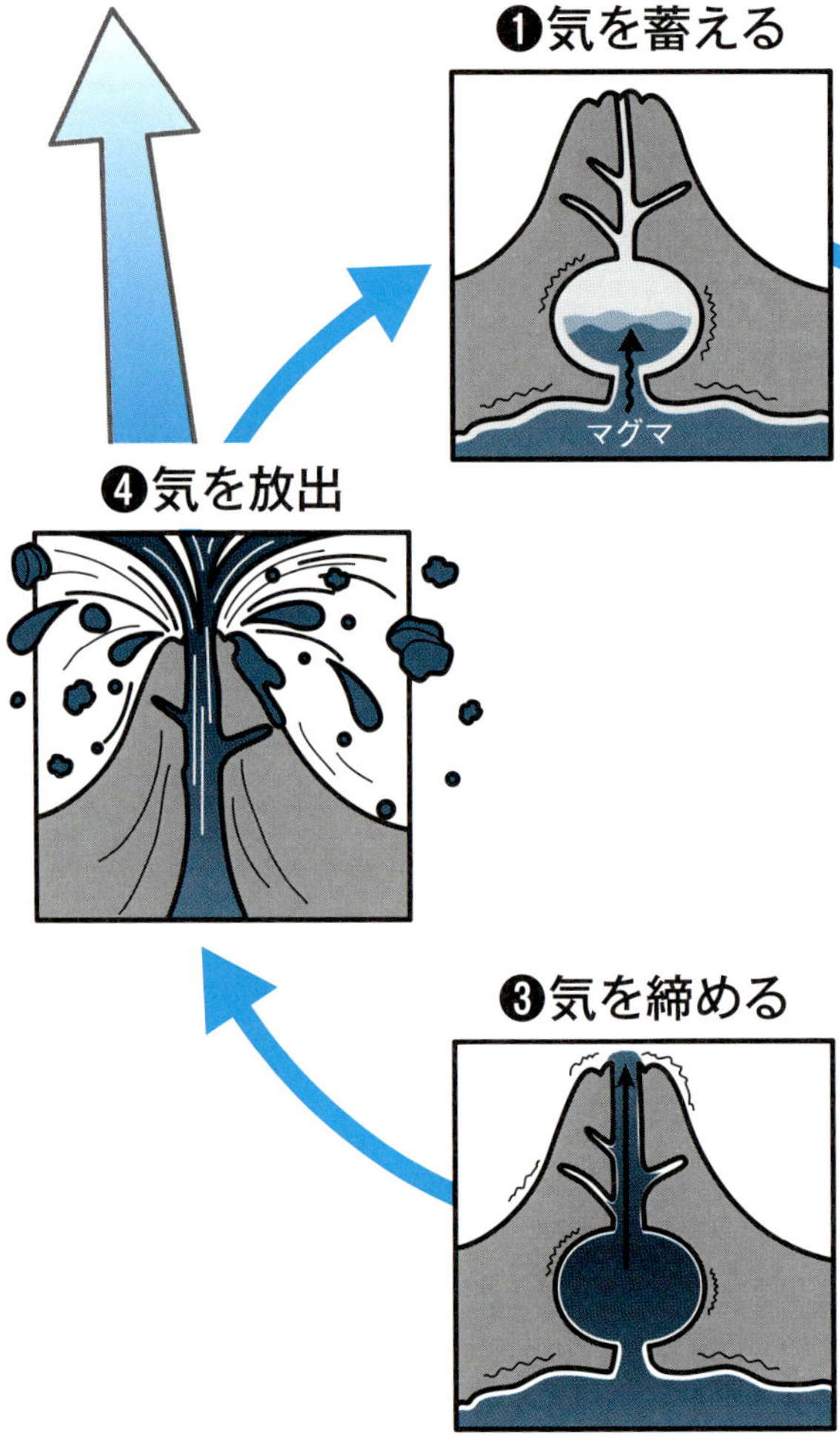

スポーツ選手の「気」も、蓄えるだけでは力になりません。気功では、「気を練る」というい方をしますが、蓄えられた「気」はしっかり練って鍛錬し、それを使えるものにしなければなりません。ドラゴンボールの「元気玉」も、それをつくれるようになるまでには、修行という「気」を練る作業があるのです。

こうして蓄えられ、練られたマグマが火口に向かって急上昇します。スポーツ選手でいえば、気合いを入れて、気を締める作業がそれにあたります。ドラゴンボールの主人公が、「う〜ん」と力を込めて、両手のあいだに玉をつくるシーンですね。

そして、最後に爆発がきます。グランドやピッチ、あるいは試合場に出て、そこで一気に「気」を放つのです。つまり、「気」を充実させて使うには、こうした流れがあるのです。①「**気を蓄える**」、②「**気を練る**」、③「**気を締める**」というプロセスを踏んで、最後に爆発力のある「気の放出」が可能になります。

メンタルトレーニングを取り入れても失敗する原因

ところが、日本のスポーツ界では、このサイクルを無視して、③の「気を締める」作業ばかり強調されてきました。「気合いを入れろ」「締まっていけ」というあれです。メンタルトレーニングでいえば、心身を緊張させて興奮状態をつくり、闘争心を高めるサイキングアップがそれに当たります。

しかしサイキキングアップは、「気」が蓄えられ、練られたところで行ってこそ爆発力が出てきます。「蓄える」「練る」が十分でないときに行っても逆効果です。締まるどころか、かえって気がなえ、「気が乗らない」「気が散漫になる」「気をのまれる」といった事態が起こります。あるいは逆に、緊張や興奮が過ぎて、「気が浮く」「気が動転する」「気が空回りする」ことになってしまうのです。

最近は、メンタルトレーニングを取り入れるチームや個人が多くなりましたが、それが十分な効果を発揮せず、失敗するケースのほとんどは、①②の「蓄える」「練る」がしっかり行われなかったことが最大の原因です。

選手のみなさん、またメンタルトレーニングを指導するみなさんは、148ページに示した「気のサイクル」を頭に入れておいてください。この順序に従って行えば、試合に必要な「冷静」「ワクワク」「強気」の3つが自然とそなわり、最高に気力が充実した最適戦闘状態をムリなくつくれるのです。

現場で指導者がよく使う言葉でいえば、「蓄える」は、動じない心（平気）をつくり、「練る」は、粘り強い心（根気）を鍛え、「締める」は、負けない心（強気）を生み出します。闘争心とはこの3つが合わさったものです。

三気法は保有能力も発揮能力も高められる

三気法には、「日々のトレーニング」と「試合のためのトレーニング」があります。「日々のトレーニング」というのは、保有能力を大きくし、伸びる選手になるために行います。一方、発揮能力を高めて、試合で活躍できる選手になるために行われるのは「試合のためのトレーニング」です。

これまでのメンタルトレーニングは、試合で実力を発揮するために実施するもの（サイキングアップ）がほとんどでした。しかし試合で実力を発揮するだけでは、本当に優秀な選手にはなれません。今の実力をいかんなく発揮するだけでなく、実力をもっともっと伸ばしていける、それが本当に優秀な選手です。

したがって、ブレイン&メンタルレーニングでは、「日々のメンタルトレーニング」と「試合のためのメンタルトレーニング」の2つに分けています。この本でも項目を分けてお話します。しかし、①「気を蓄える」→②「気を練る」→③「気を締める」という手順で行うトレーニングの基本は同じです。

そこで、まず三気法の基本をお話し、それから「日々のトレーニング」と「試合のためのトレーニング」を説明することにしましょう。

最強メンタルトレーニングのプロセス①

3-3

三気法の土台「気を蓄える」

BRAIN & MENTAL TRAINING

まずは心のエネルギーを蓄える

スポーツ選手であれば、毎日の食事に注意し、十分な栄養摂取を心がけていると思います。栄養が不足すると体力が落ちて、練習にもついていけません。ひどい場合は、病気になり、いろいろな故障も起きやすくなります。

同じように心のエネルギーが不足すると、人は元気を失います。気力をなくし、「夢を実現しよう」「目標を達成しよう」という意欲もわいてきません。しかし今のスポーツ界では、体の栄養については十分な注意を払いますが、「気」という心の栄養、心のエネルギーのことは、ほとんど忘れているのが実情です。

うつ病の人が、自分の状態をよく「雑巾をしぼりきったような」とか「歯磨きのチューブを出しきったような」と表現しますが、オリンピックのような大舞台で「気」を使い尽くした選手も、しばしば同様の言葉を口にします。新しい目標を設定し、それに向かって再び前進するためには、心にエネルギーを蓄えなければなりません。厳しい練習に耐えさせるのも、試合で実力を発揮させるのも、しっかり蓄えられた心のマグマです。

それでは、どうしたら「気」を蓄えられるのでしょうか。

悪いストレスをなくすリラクセーション

たとえば、プールにきれいな水を張るとき、最初に何をするでしょうか。まず、汚れた水を抜いてプールを掃除しなければなりません。私たちの心も同じです。今までのストレスやいろいろな雑念でいっぱいになっていたら、新しい「気」はためられません。

ですから「気」を蓄える作業の第一は、〝忘れる〟ということです。別のいい方をすれば、心身のリラクセーションが最初にきます。

悪い試合のイメージがいつまでも残っていれば、次の試合に向けて、いくらワクワクしようとしてもワクワクできないし、「ヨッシャ！」という気持ちも高まりませんね。また大切な試合でも不満や不安、自信のなさ、ミスしたときの「しまった」「困った」という気持ちなど、雑念が心の中に渦巻いているとゲームに集中できません。

それらは心の中に残った汚れた水です。どれも悪いストレスになり、知らないうちに私たちの脳を否定的にし、脳の実行機能を低下させるのです。

心を動揺させる雑念・ストレスをなくし、心がシーンとなる静けさを取り戻すこと。それが忘れる作業です。そうなったときにはじめて、新しい「気」が満ちてきます。

三気法の第一段階は、「**忘れる作業＝リラクセーション**」です。

▼集中力を高めるリラクセーション

最近は効果の高いリラクセーション法として、座禅が注目されています。シーズンオフになると、お寺で座禅を行うチームや選手もいます。

これもひとつの忘れる作業です。

座禅というのは、雑念を捨てて無の境地に達するための方法です。何千年も前から行われてきたやり方ですが、脳科学的にもアルファ波という、深いリラックス状態のときの脳波が発生することが確かめられています。

このアルファ波は、「集中力の脳波」とか「ひらめきの脳波」ともいわれ、スポーツや勉強、仕事で最高に集中している人の脳にも、それがあらわれます。つまり、集中とリラックスが両立しているときの脳波なのです。

いい換えれば、集中力は忘れる作業によって高まるのです。

面白いのは座禅に熟達してくると、いつでもどこでも、自由にこの脳波を出せるようになることです。先に「ゾーン」とは、集中とリラックスが両立した状態だといいましたが、アルファ波を自由に出せれば、思いのままに「ゾーン」に入れるということです。

忘れる → リラックス → 集中力

このことをしっかり頭に入れておいてください。

▼リラックスを高める腹式呼吸法

座禅がアルファ波を出させるからといって、毎日お寺で指導を受けるわけにはいきません。そこでブレイン&メンタルトレーニングでは、もっと簡単にできる自律訓練法を用いて、いつでもアルファ波が出るようなリラクセーションを訓練します。

世の中には、リラクセーションの方法がいくつもあります。みなさんはどれを用いてもかまいません。ただ、呼吸を通して生命脳の自律神経にアプローチするこの方法が最も短時間で心身をリラックスでき、いつでもどこでも行うことができます。リラックスを高める腹式呼吸法「**ドリカム・ヒーリング**」を巻末（239〜240ページ）に紹介してあるので、実際に行ってみてください。

頭でいくら「リラックスしよう」「冷静になろう」「落ち着こう」と思っても、本番ではほとんど不可能ですね。体のほうから心を落ち着かせるほうがずっと簡単なのです。大切なのは、それをいつでもどこでもできるように訓練することです。

これができれば、最適戦闘状態の3つの要素の1つ、「冷静さ」が手に入ります。

▼LMIを応用したリラックス法

前の章で言葉・動作・イメージによって、心を切り替える方法を説明しましたが、本番で冷静さを求められる場面でもそれを応用できます。

試合の中では、「しまった」「これはまずい」「どうしよう」という雑念が絶えずわいてきます。それを忘れなければ、「気」が乱れ、次のプレーに集中できません。そういうマイナス感情を振り払う、とっさのクリアリング法として応用できるのです。

たとえば、桑田選手はピンチになるとボールに目をやり、何ごとかつぶやいていました。また高校球児の中にも、不利なカウントでプレッシャーがかかると後ろを向き、両手を上げて外野の仲間に声をかけるピッチャーがいます。

これも一種のボディ・ランゲージによるクリアリングです。

みなさんもプレッシャーに押しつぶされそうになったとき、また前の失敗をメンタル的に引きずっているときなど、悪いストレスにつかまりそうになったら、それをクリアリングし、集中力とリラックスを取り戻す3つの道具をつくっておきましょう。

あなたが一番リラックスできる言葉・動作・イメージは何ですか？

言葉（L）

動作（M）

イメージ（I）

腹式呼吸でリラクセーションを訓練するとき、一緒にその言葉、動作、イメージへの条件づけを行います。

リラックスしたところで、その言葉を口にし、その動作・ポーズをとり、イメージを思い浮かべる。練習中も必要な場面でそれを繰り返します。それで条件づけが強化されれば、どんな場面でも心と体が反応するようになります。

これがトップアスリートの冷静さを自分のものにする方法です。

身のまわりから外気を取り込む

忘れたあとは、「気」を蓄える作業です。

みなさんは疲れがたまったとき、どのようにして元気を取り戻しますか。思い切ってふだんの生活の場を離れ、海や山、森などに出かけるという人も多いと思います。

自然にふれると心身ともにリフレッシュされ、爽快になるのを感じますね。元気も出てきて、「よし、明日から頑張るぞ」という気持ちになります。東洋医学ではこれを、大自然の「気」を取り入れ、「気」が蓄えられるのだと考えます。

アスリートでも大きな大会で疲れきった心と体を、リゾート地でゆっくり癒す人がけっこうたくさんいます。

ことです。

「気」を蓄えるという観点から見ると、こうしたことは一般に思われている以上に大切なことです。

実際、オリンピックなどの国際大会のあと、すぐに厳しい練習を再開したり、新たな試合がいくつも組まれた、ハードなスケジュールをこなしたりしていると、心のエネルギーがどんどん不足してきます。モチベーションも上がらず、やる気や意欲も起こらない。当然、成績も低迷する。最後は無気力状態に陥り、引退の二文字が浮かんできます。

それを「**バーンアウト**（燃え尽き）」といいます。一流選手でも、こういうバーンアウトのためにリタイアしてしまった人が少なくありません。

どんな優秀な選手でも、また、まだ優秀とはいえない選手でも、「気」は同じように減ったり増えたりするのです。

日本のスポーツ界ではこのことが無視され、心のエネルギーを蓄える作業が軽んじられてきました。

▼大自然にあふれている「気」にふれる

ある女子柔道の選手は、オリンピックでメダルを獲得したあと、疲れを癒すために海へ出かけました。海岸に寄せる波を見ているうちに、涙がとめどなくあふれてきたそうです。

激しい練習を積み、真剣に勝負にチャレンジしてきた選手ほど、こんな心をかかえています。試合がすんだから、大会が終わったから、それで自然とストレスがなくなるのではありません。放っておくとストレスはたまるものなのです。そのストレスを取り除いて、新しい「気」をたっぷり蓄えなければ、元気に再出発できません。

自然にふれながら試合や練習のことを忘れ、ゆったりとした時間を過ごす。自然の「気」を取り入れることで、もう一度、「やってやろう」「頑張ろう」という気になれます。大自然は、現代人が思っているよりずっと大きな力を秘めています。

▼他人の「気」を取り入れる

もうひとつ、心身に「気」を取り入れる方法があります。それは、まわりの人から「気」をもらうという方法です。

みなさんも実際にそれをしているはずです。ピンチに陥ったとき、チームメイトが声をかけ合う。プレーが決まったあと、ハイタッチで喜びを伝え合う。また、応援の声を聞いて奮い立つ。これらも、じつは人から「気」をもらっているのです。

ただ、そのことをもっと意識すると、まわりの人から入ってくる「気」を実感でき、あなた自身の「気」がぐっと高まるのをはっきり感じられるでしょう。

ある有名な陸上選手が大きな声援にいら立ち、観客席に向かって「静かにしてくれ」という仕草をしました。その光景を見て、「これは失敗するな」と直感しました。世界でもトップクラスの選手ですが、案の定、メダルに手が届きませんでした。しかし、思うところがあったのでしょう。次の大会では同じ選手が、驚いたことに頭上で手を打ち、応援の手拍子を催促したのです。観客席の「気」をもらったその選手は実力を発揮し、見事に金メダルを手にしました。

▼「気」の源はすぐ近くにある

試合の場以外でも、私たちは他人の「気」に支えられています。

たとえば、試合に負けて落ち込んだとき、あるいはライバルに先を越されてふさぎ込んでいるとき、あなたを勇気づけ、もう一度、やる気にしてくれたものは何でしょうか。

そういう「気」のなえた状態のとき、人を再び奮い立たせてくれるのは、たいてい家族や友人、恋人などの励ましです。あなたを信じ、温かく見守ってくれる両親の愛情や、失敗しても成功しても変わらない友だちの友情だったりします。その人たちの「気」をもらうことで、私たちの内側に力強い「気」が再び満ちてくるのです。

「なんだ、そんなことか」と思うかもしれません。しかし「気」という心のエネルギーを蓄えるうえで、これは非常に大きいのです。それがないと、肥料をもらえない作物同様、心の栄養が不足してしまいます。素直でない負けず嫌いが、最後のところで伸びきれないのも、まわりの人から「気」を取り入れられないからです。

ですから、「親父のためにチャンピオンになるんだ！」といいきる、ボクシングの亀田兄弟は、すごい心のエネルギーを持っています。

いくら汲んでも尽きることなく、「気」を与えてくれる源泉が、みなさんのまわりにもきっとあるはずです。大切なのはそのことをしっかり自覚することです。それを自覚することが、前にも述べた「感謝」なのです。

たとえば、女子マラソン・バルセロナ五輪銀メダリスト、アトランタ五輪銅メダリストの有森裕子さんは、小出監督の煙草の吸殻をユニフォームの内側に縫いつけ、苦しくなるとそれに手を当てて42・195キロを走り抜きました。また、高橋尚子さんが東京国際女子マラソンで奇跡の復活を遂げたときは、沿道で応援する人々への感謝と、「私が頑張ることでみんなに勇気を伝えたい」という思いを原動力にしていました。

感謝する選手は、心のエネルギーをたっぷりと受け取ることができます。

感動力が「気」をわき上がらせる

アニメやマンガでは闘争心に火がつくと、目の中でメラメラと火が燃えたり、突然、全身が真っ赤な炎に包まれたりします。じつはその火や炎を大きく、勢いよく燃え上がらせる準備をしているのが、この「蓄える」段階です。

ローソクの火と同じように、「気」が不足したり、ストレスや雑念で汚れていては、心は燃え上がりません。だからこそ汚れた空気は、忘れる作業で取り除き、外にある酸素いっぱいの新鮮な空気を取り入れるのです。サポーターや家族、友人など人の「気」も、大量の酸素を含んでいます。

しかし、私たちの内側にも酸素をつくり出すものがあります。心を激しく燃え上がらせる「内気」、それが感動力です。

一般に何年も競技生活を続けていると、選手のモチベーションはだんだん下がってきます。目標に対しても燃えなくなります。努力に感動がともなわないと、人の心には疲労感とストレスが蓄積していくからです。

それで勝利に見放されているチームや、まだ勝つことの喜びを知らない高校生などは、なかなかモチベーションが上がりません。

従来のメンタルトレーニングのテクニックで、目標や願望実現のイメージングをいくら行っても、あの、舞い上がるような勝利の感動、これまでの努力が一気に報われる感動までは思い描けません。

心を燃え上がらせる発火点の高い「内気」が欠けているのです。

では、どうしたら心を揺さぶり、燃え上がらせる感動力を持てるのでしょうか。

その方法の一つが「感謝」です。北京オリンピックの女子ソフトボールの選手には、「六方拝」という感謝と感動のためのプログラムを行ってもらいました。その中に、これまでお世話になった人を訪ねて、感謝を伝えるという項目があります。その再会によって選手たちは、さまざまな感動体験をしています。

プライベートなことなので紹介はできませんが、私も話を聞きながら何度か目頭が熱くなりました。

「この人たちが自分を応援してくれていた」

「私の活躍でこの人たちを喜ばせることができる」

それが目標や願望を、心を揺さぶるモチベーションに変えたのです。

そういう感動の材料は、いろいろなところに存在します。気力が衰えてくると、映画の『ロッキー』を見て感動をもらうという選手もいました。また、ドラマの『スクール・ウォーズ』でやる気をわかせている選手、『プロジェクトX』のDVDを見て、つらさを突き抜ける勇気をかき立てている選手もいます。

そういうものが意外に大きな力をおよぼすのが私たちの心です。感動は、私たちの心にメラメラと燃え上がるエネルギーを与えてくれます。

最強メンタルトレーニングのプロセス②

3-4 三気法の要「気を練る」

BRAIN & MENTAL TRAINING

心のエネルギーを実戦的なパワーに変える

最適戦闘状態をつくる「三気法」の第2段階は、「気を練る」です。第1段階でたっぷり蓄えた心のエネルギーは、まだ漠然としています。いわばふわふわした状態です。これをしっかり練り上げ、実戦的なパワーに変えていくのがこの段階です。

「気」を練るために使うのは、主としてイメージです。さまざまなイメージングによって、心のエネルギーに具体的な形を与えるのです。

ここでは、①凄い自分をつくる「**自己イメージ**」と、②効果的な「**目標達成のイメージング**」、そして、③最高のプレーを可能にする「**メンタルリハーサル**」を取り上げます。

「気」を練って根性・根気をつける

「スポーツで根性がついた」とか「根気強くなった」といった話をときどき聞きます。これは本当のことで、スポーツには人間を鍛える一面があります。

また、根性や根気がなければ優秀な選手になれないのも事実です。長く厳しい練習に耐えて保有能力を大きくすることもできないし、イザ本番で劣勢に立たされても、粘り強く、最後まであきらめず、実力を発揮することもできません。

選手のみなさんも監督やコーチから、「根性を出せ！」「もっと根気よくやれ！」と、ことあるごとにハッパをかけられているのではないでしょうか。しかし「出せ！」「やれ！」だけでは、どうしたら根性が出せるのか、根気よくやれるのかはわかりません。

じつは、根性や根気という心のパワーをつくり出す秘訣があります。一流のアスリートならば、みんなこの秘訣を心得ていて、無意識のうちに実践しています。それさえ実践していれば、根性や根気はイヤでもついてしまいます。

その秘訣が「自己イメージ」です。自己イメージの高い人は、どんな逆境にいても妥協しません。自分を高く評価し、自分は凄いのだと思い込んでいるので、苦しいときも根性を出し、根気よく努力して逆境を乗り越えていけるのです。一方、「しょせんこんなものだ」「どうせおれなんて」と、現状に妥協してしまうのが自己イメージの低い人です。

しかし私たちは、なかなか高いイメージを持てません。これまでの自分をベースにすると、一般に自己イメージは低くなるものです。普通の人は、反省すべき過去をたくさん持っているからです。みなさんも練習をサボった自分、きつい練習にネを上げた自分、試合で根性を発揮できなかった自分、目標を実現できなかった自分が、過去にはいっぱいいることと思います。そういう自分を材料にするから、「しょせんこの程度」「どうせおれなんて」という低い自己イメージになってしまいます。

だから、これからの自分を思い描くことが大切なのです。高い自己イメージは、過去ではなく、未来からやってきます。一流のアスリートが驚くほどの根性と根気を持っているのは、今の苦しさを乗り越えて、夢や目標を実現した「未来の自分」が常に頭にあり、そこから今を見ているからです。「こんなことでへこたれる自分じゃない」「まだまだやれる」という底力が出てきます。第1章でお話した桑田選手のクワタロードのエピソードを思い出してください。2年間、ただ黙々と走り続けさせたのは、復帰してマウンドに立つ自分のイメージです。また高校生の中田選手に、眠っているチームメイトの横でイタリア語を勉強させたのも、イタリアのセリエAでプレーしている自分のリアルなイメージでした。ですから自己イメージが低い選手は、根性がありません。「まだまだやれる」「おれはこんなもんじゃない」ではなく、「おれはもうこれで十分だ」「こんなしんどいことはたくさんだ」になりがちです。夢や目標に近づくには、それに必要な課題をひとつひとつ詰めていく〝詰める作業〟が必要ですが、これではその作業もこなせません。

夢や目標を実現した「未来の自分」を思い描いてください。

未来のあなたは何をしていますか？　どんな表情ですか？　一緒にいるのは誰ですか？　また、どんな喜びを感じているでしょうか？

それがあなたの自己イメージであり、本当のあなたです。そして、この未来のあなたから、今の自分を見つめてください。

未来の自分から今を見る

たとえば、富士山のような高い山に登るとき、麓《ふもと》から見上げると頂上はとんでもなく遠いところに見えますね。この道の先には、長くてつらい坂が待っていると知っているので根性もしぼんできます。五合目まで到達して見上げても、その遠さはあまり変わりません。これまで以上にきつい急坂を登らなければならないと思うだけで根気もなくなり、このあたりで帰りたい気持ちになる人もいるでしょう。

しかし登山の好きな人は違います。頂上がどんなに遠くても、坂がどんなにきつくても、帰りたいなどとは思いません。ますます登りたくなり、命がけの絶壁ほどワクワクしながら登り出します。人はそれを見て根性があるというのです。

なぜ登山家にはそんな根性があるのでしょうか。それは高い山ほど、また険しい絶壁ほど、登りきった喜びが大きいとわかっているからです。私の知人にも栗城史多《くりきのぶかず》さんという、28歳の若い登山家がいますが、彼は世界7大陸の最高峰6つを単独登頂したあと、ヒマラヤ山脈の８０００メートル峰に単独無酸素で挑み続けています。頂上をきわめた自分のイメージが脳にあり、それにワクワクしているのです。ですから、どんな危険を前にしても脳は否定的にならず、とてつもない根性を発揮できるのです。

スポーツ選手なら、目標を持つことの大切さをよく知っています。ほとんどの選手は、自分やチームの目標を持っているはずです。練習前や練習後にみんなでそれを声に出し、目標意識を高めているチームも少なくありません。

私たちも、この本の42ページで自分やチームの目標を決めました。

けれど、目標があってもワクワクできない人がいます。「こんな大きな目標はムリだよ」「できっこないよ」という人もいるでしょう。練習がハードになると、それまでのワクワク感が消えて、「もうイヤだ。明日はサボろう」と考え出す人もいます。

ここで登山家がいだく、頂上に立った自分のイメージを思い出してください。目標とは、私たちが登ろうとしている山のてっぺんです。目標を設定するだけでは十分ではありません。登山家のように、そこに立った自分を思い描くことが必要なのです。目標のワクワク感とは、それを達成した自分のイメージに対するワクワク感です。

また頂上からは、そこに至るまでのプロセスがよく見えます。岩や崖などの障害も見えて、それをクリアするにはどういうコースを歩めばよいか、今の自分は何をしなければいけないかという、詰める作業の課題もはっきりわかるのです。

目標というと、どうしても仰ぎ見る目標になりがちですが、それでは根性も根気もつきません。深紅の優勝旗へのあこがれではなく、それを手にした未来の自分、またその旗を先頭に母校に凱旋する未来の自分から、今を見下ろすことが大事なのです。

目標を達成した自分を想像してください。

そのとき、心にあふれてくる喜びを想像してください。

その自分から、今の自分を見てください。

そして、今の自分には何が必要だろうと脳に問いかけてください。

これをしっかりできた人だけが、心のエネルギーをパワーに変える、本当のワクワク感を持てるのです。巻末に私どもが実際に現場で指導している「**目標達成のイマージュリー**」（241〜244ページ）があるので、それを参考にしてください。

イメージを持って練習する

最適戦闘状態をつくる3つの要素のうちの2番目は「ワクワク」でした。

未来の自分のイメージに対するワクワクを本当の「ワクワク」、自信に満ちた「ワクワク」、つまり試合で発揮する現実的なパワーに変えるのが「詰める作業」です。

「詰める作業」の第一は、何といっても練習です。

Q1　今、あなたは毎日の練習を休まず頑張っていますか？

Q2　今、あなたは次の試合を目指して頑張っていますか？

Q3　今、あなたは取り組んでいる練習の意味を理解して頑張っていますか？

この質問にひとつでも「ノー」があるようなら、あなたの練習はまだ「詰める作業」になっていません。たぶん監督に怒られるからやっている、みんなと一緒に何となく練習しているのではないでしょうか。つまりマグレガーの分類でいえば、自主的に動いていないX型の選手になっています。

そこで、選手のみなさんがＹ型の自主的な選手になる方法をお教えしましょう。

ひとつは、前に述べた「問いかけ」です。何のために練習するのかといった練習の意味を、絶えず自分の脳に問いかけてください。自分がしていることの意味がわからない選手にとって、練習は苦しいだけのものになります。

全力でダッシュを何回もやらされる。苦しいですよね。しかしその練習の意味を理解し、試合をイメージしていれば、その苦しさにやりがいがプラスされます。練習が嫌いになるのは、練習がきついからではなく、その練習の意味を理解して、いつもそれを意識しながらやっていないからです。

もうひとつが、「**ピークパフォーマンス**」のイメージを持つことです。

みなさんはグランドや練習場で、最高のプレーのイメージ、つまり理想の体の動きや、理想の連携プレーを頭にイメージしながら練習しているでしょうか。それは一番近くにある技術的目標であり、それを自分のものにしたイメージは、一番近い未来の自分です。

この理想のプレー、ピークパフォーマンスのイメージを脳に焼きつけるトレーニングをメンタルリハーサルと呼んでいます。

脳は、頭の中のイメージを実現しようとするといいましたが、ピークパフォーマンスのイメージが刻み込まれていれば、脳はひとりでにそれをなぞり、筋肉にその動きを指示するのです。体を使った練習は、その指示通りに筋肉が素早く、正確に動くように神経回路の通りをよくしているだけです。

どんな動きも最初にイメージがあります。

ですからピークパフォーマンスのイメージがあるのとないのとでは、試合での発揮能力も、練習で得られる効果も大きく違ってきます。

次に、メンタルリハーサルのやり方を紹介しましょう。

理屈なしのイメージでメンタルリハーサルをする

「気」を練る作業の中でも、実戦的に最も重要なのがメンタルリハーサルです。メンタルリハーサルとは、イメージを使って行う練習であり、予行演習です。

実戦的なメンタルリハーサルには2つの種類があります。

①技術的な課題を持って行うイメージング

②本番のイメージング

技術的な課題を持ったイメージングは、フォームの修正や正確な動き、タイミングのつかみ方など、スキルの向上を目指して行います。スランプに陥った野球選手やプロゴルファーが、自分のベストプレーを思い出すために絶好調だったときのビデオを見るのも、メンタルリハーサルのひとつです。

技術的なメンタルリハーサルでは、まず理想のプレーや動きがどういうものかを知らなくてはなりません。それを教えるのがコーチの仕事です。もし、わからないところがあれば、その場で質問してください。わからないままにしておくと疑問が残り、疑問はそのうち不安になり、いずれ不満に変わります。

もし十分な答えが得られなければ、本やネットで調べるという手もあります。それもひとつの〝詰める作業〟です

次に、それを正しくイメージします。

たとえば、バットスイングで腰の回転が悪いとか、投げたボールが棒球になりやすいといった課題があるときは、それを修正するイメージを繰り返し、頭に焼きつけます。それを毎日続けることが大切です。

サッカー選手がシュートパターンの苦手を克服したいときや、柔道選手が新しい技を自分のものにしたいときなども、それが決まる理想の動きを何度もイメージしてください。そのイメージを頭に焼きつけて練習することで、練習効果は大きく違ってきます。

▼理屈なしのイメージ

ただ理想の動きは、ともすると理屈になりがちです。腰をこうひねらなければいけないとか、手首のスナップはこんなふうに利かせるとか、理屈でトレーニングしている人がし

ばしばいます。イメージは理屈ではありません。右脳に発生するイメージは瞬間的ですから、試合の場になると、どうしてもいつもの体の動きがひらめいてしまうのです。

ですからブレイン＆メンタルトレーニングでは、理屈なしのイメージを持ちながらリハーサルを行い、試合でも理屈なしのイメージを頭に置くことを指導します。たとえば、軸の定まった腰の回転を直すなら、くるくる回るコマのイメージです。スナップを利かせた投球なら、うねったムチの先端がピシッと狙いをたたき打つイメージがぴったりでしょう。そのイメージを持って、実際に体を動かしながらリハーサルします。

強敵に向き合うと、相手の威圧感で、自分の体が小さく感じるという柔道選手が、立ち上がるクマのイメージを持って試合にのぞむと、威圧感を感じなくなったという例があります。また、バレーボール全日本のある選手は、動物のヒョウに変身するイメージで、ヒョウのしなやかな動きをスパイクに活かしています。桑田選手は、竜のイメージを頭に置いていているといいました。

運動理論を参考にするとか、自分より優れた選手を模倣するのも悪いことではありませんが、競技以外のこういうイメージは、理屈なしのイメージを与えてくれます。理論やマネもそこまで落とし込んだとき、生きたイメージになるのです。みなさんもぜひ、自分の競技にぴったりのイメージを探してみてください。

私は　　　　のイメージで試合にのぞもう。

苦手なプレーを克服するには　　　　のイメージがピッタリだ。

▼本番のメンタルリハーサル

最高のメンタルコンディションで試合を迎えるために、このトレーニングを行います。「負ける気がしない」「最高のプレーができる」「どんなプレーもうまくいく」などの強気の思いが、全身に満ち満ちてくるのが最適戦闘状態ですが、どんなにそう思いたくても、その自信がないのにそうは思えません。そこで、メンタルリハーサルで最高の試合を経験し、成功を確信して本番にのぞむのです。

私たちの脳は、現実とイメージをうまく区別できないと述べましたが、いわば脳をだまして脳に成功や勝ちを体験させるのがこのイメージングです。

サッカー選手なら、目の前に立ちはだかったしつこい敵をフェイントでかわし、ゴール前でキーパーのわずかなスキを見つけ、そこへ思い切り蹴り込む。そのボールがキーパーの脇を抜いてネットに突き刺さり、試合場がドッと歓声に包まれる。そういうベストパフォーマンスのイメージをつなげながら、理想の試合展開をイメージします。

レベルが高くなると、ビデオなどで対戦相手を研究しますが、単に相手のウィークポイントを知り、対策を考えるだけでなく、メンタルリハーサルでそれを予行演習します。相手の顔やユニフォームまで具体的にイメージしながら行えば、本番にのぞむ脳には、すでに勝ち試合のデータがしっかりインプットされています。

メンタルリハーサルで大切なのは、できるだけリアルに想像することです。試合場の様子や、観客席の雰囲気だけではありません。私たちの現実体験には、必ず感情がともなっています。それも成功に対するプラス感情だけではありません。試合前の緊張感やピンチに陥ったときの「しまった」という気持ち、また強敵に行く手をはばまれたときの焦りなど、いろいろな感情に必ず襲われます。

そういうものもイメージングの中で体験し、それをはね返す自分をイメージしてください。それはどんな状況もたくましく克服し、常にワクワクしながら試合を勝ちに引っ張っていけるあなたです。

▼客観的なメンタルリハーサル

もうひとつ、大事なことをつけ加えておきます。

一般にメンタルリハーサルというと、自分の目を通して見たピークパフォーマンスのリハーサルがほとんどです。けれど、それだけでは足りません。たとえばテレビカメラの位置から見た、客観的なピークパフォーマンスをイメージングしてください。それによって、ポジショニングや連係プレーのリハーサルが可能になります。

もう一度いいますが、私たちの脳は自分がいだいたイメージを実現しようとして、全力で働きます。脳がピークパフォーマンスのイメージをひとりでに追いかけ、自然とそれを実現できるまでメンタルリハーサルを繰り返しましょう。

蓄えた「気」は、こうして練られていきます。

中国武術では修行することを「気を練る」といいますが、達人になるとしっかり練られた「気」は、糸を引くように見えるそうです。私たちもありありと目に見えるほど明確なイメージを与えたいものです。それができたとき、本当の「ワクワク」が手に入り、心をときめかせながら試合や練習にのぞめるのです。

最強メンタルトレーニングのプロセス③

3-5

三気法の仕上げ「気を締める」

BRAIN & MENTAL TRAINING

最後に「最適戦闘状態」をつくる

最適戦闘状態になる「三気法」の仕上げは、いよいよ戦いに全力を出しきる心になるための「気を締める」作業です。たっぷり蓄えられ、しっかり練られた心のエネルギーはきっちり締めることで、爆発力を秘めた力に変わります。

戦う選手に必要な3つの心（冷静・ワクワク・強気）のうち、もうみなさんは第1段階の蓄える作業で冷静な心を、また第2段階の練る作業を通してワクワクする心をつくり上げました。あとは、底力を発揮させる「強気」を加えるだけです。

メンタルトレーニングでは、強気になる作業を「**サイキングアップ**」といいます。

練習でも試合でも開始前にウォーミングアップを行いますが、ウォーミングアップが体の準備であるのに対し、サイキングアップは心の準備のことです。

テンションを上げてその気になり、最高に頑張れる自分をつくる。脳にはそのとき、快感ホルモン（ドーパミン）があふれ、体には筋肉のパワーを高めるホルモン（ノルアドレナリン）がじわじわ増してきます。そんな戦闘モードに入らせるのがサイキングアップです。監督がいう「締まっていけ！」「ガッツでいけ！」「気合いを入れろ！」も、そういう戦闘モードに入れということです。

練られていない「気」は締めても不発に終わる

日本のスポーツ界では伝統的に「締める」ことを強調してきたので、この作業はとても得意です。現場を回ってみると、蓄えなければいけないところや、練らなければいけないところでも、ひたすら締めてばかりいるケースが目立ちます。その結果、「気」を充実させられず、バーンアウトしてしまう選手、あるいはワクワクできずに、だんだんスポーツが嫌いになってしまう選手も少なくありません。かんじんな試合でもスカスカした、しょぼい爆発になったり、不発に終わってしまったりします。

ここでは、はじめに一般に行われているサイキングアップの方法を簡単に紹介しますが、おそらくみなさんも練習や試合で実行しているものが多いでしょう。それらも心のエネルギーをたっぷり蓄え、しっかり練った状態で行わなければ、効果が乏しくなることを頭に入れておいてください。

- **団体競技では開始前に円陣を組み、みんなで大声を出して気合いを入れる。**
- **ラグビーやアメリカンフットボールのように、激しいぶつかり合いのある競技では、チームメイトが体をぶつけ合って興奮度を高め、気合いを入れる。**
- **格闘技では自分の顔や胸、腕、ももを、パンパンたたいて「気」を高める。**
- **陸上ではダッシュなどの運動を繰り返し、心拍数を上げて「気」を締める。**
- **リラクセーションとは反対に、短く何度か息を吸う。息を吐くと「気」は下がるので、吸う息に意識を持っていく。**

こういう方法は競技によって異なります。またラグビーやサッカーのような身体接触をともなう競技か、それのない競技かによっても違ってきます。射撃やアーチェリーのような、興奮よりも静かな集中とリラックスが必要な種目では、自分が落ち着くイメージングを行い、試合をイメージしながら徐々に気持ちを高めます。

先の冬季オリンピックで浅田真央選手が、演技前にイヤホンで音楽を聞いている姿が注目されましたが、音楽はサイキングアップに非常に役立ちます。

その曲の選択も、種目によって変わってきます。浅田選手は浜崎あゆみさんの曲でしたが、一般に気持ちを高め、その気になるにはアップテンポの曲。歌詞があると意味に気を取られるので、ビートの利いたインストルメンタルのダンスミュージックなどがいいでしょう。プロや実業団の選手には、映画『ロッキー3』のテーマ『アイ・オブ・ザ・タイガー』を聞きながら戦闘モードに入っていく人がけっこういます。

こういう一般的な方法は、監督やコーチも指導してくれるはずです。従来のメンタルトレーニングの本やネットでも紹介されています。

ここではブレイン&メンタルトレーニングで指導する機会の多い方法をひとつお教えしましょう。最高に頑張る自分になる「**ガッツ脳**」のつくり方です。

最高に頑張れる「ガッツ脳」をつくる

よく「もっとガッツを出せ」「ガッツが足りない」と、監督が選手を叱咤します。じつは、ガッツを出すこと自体はさほど難しくありません。

ガッツ脳になるとこんなに変わる

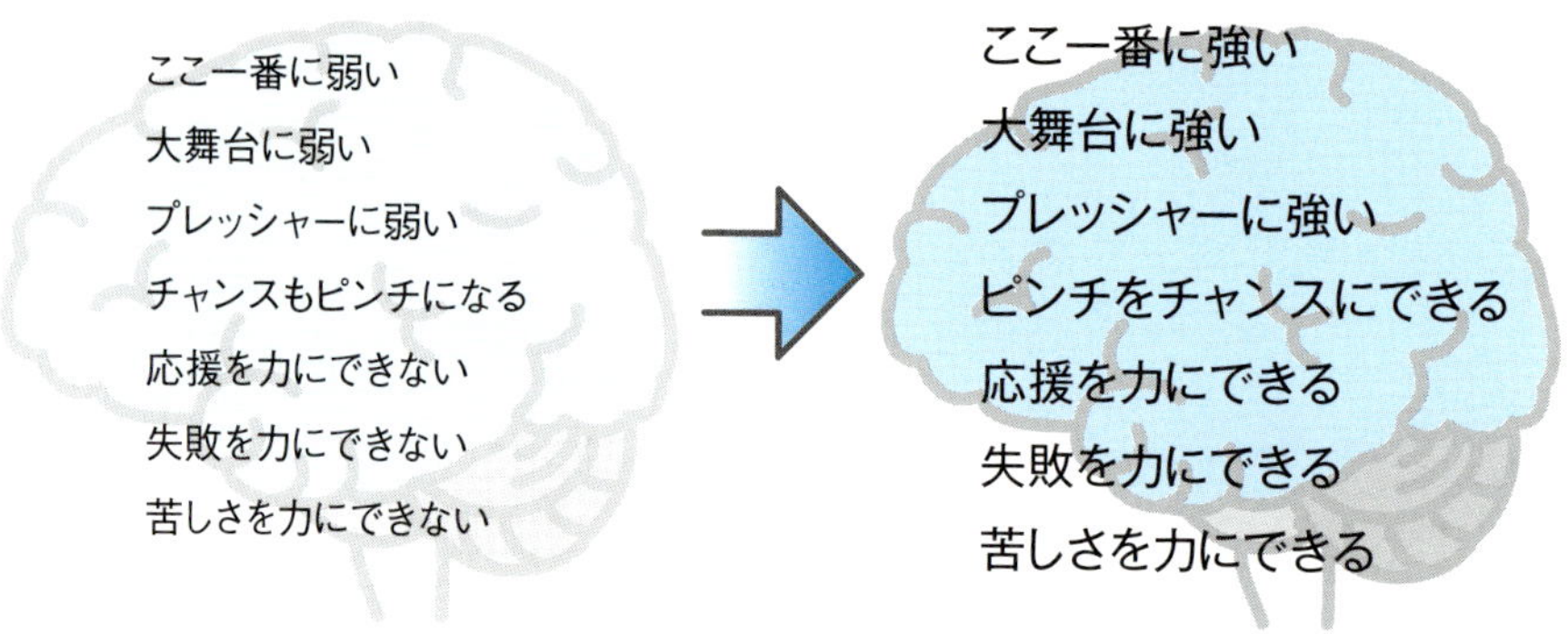

それを持続することが難しいのです。

たとえば、ゲーム開始時には強気で「やるぞ！」「勝てるぞ！」と思えたのに、試合が進むうちにその思いがだんだん壊れ、「ダメかもしれない」「まずいぞ」という思いに変わってしまうことがよくあります。

結局、「負けるかも」という弱気でスタートしたのと変わらない結果に終わった試合を、みなさんも何度か経験しているはずです。サイキングアップで強気になれても、じきに壊れてしまうのです。

張り切って始めた練習も、だんだんしんどくなれば、「早く終わってくれ」という気持ちになりますね。頑張りが利かなくなってきます。

つまりガッツは簡単につくれけれど、簡単に消えてしまうのです。

一般の人なら落ち込んだり、自信をなくしたりしても、時間がたてば、また「頑張ろう」とか「できるはずだ」という肯定的な思いが自然とわいてきます。

しかし競技スポーツの選手は、それでは困ります。試合は、ごくわずかな時間の勝負です。そのわずかな時間の中で、いつチャンスやピンチがやってくるかわかりません。その、ここぞという瞬間にガッツを出せなければ意味がないのです。

ここで紹介するのは前の章で述べた、言葉と体の動き、イメージという3つの道具を使って、「ガッツ脳」になるテクニックです。

▼ガッツ脳になる言葉・動作・イメージ

あなたが「あのときは最高にガッツがあった」と思えるのは、どんなときでしたか。「あのときはいくらでも頑張れた」「どんな逆境も乗り越えられた」という試合や練習を思い出してみてください。言葉にも動作にも、またイメージにも、あなたのガッツがあふれていたはずです。

逆に、「ガッツがなかった」とき、また「あのときは頑張れなかった」と反省するときのことを思い出してください。

A　最高に頑張れたとき

あなたはどんな言葉を口にしていましたか？

どんな動作・表情をしていましたか？

どんなイメージを持っていましたか？

B　どうしても頑張れなかったとき

あなたはどんな言葉を口にしていましたか？

どんな動作・表情をしていましたか？

どんなイメージを持っていましたか？

こういう質問は読み飛ばすのでなく、実際に答えを書き込んでください。面倒くさいかもしれませんが、それがあなたの気づきになります。メンタルトレーニングでは、今の自分に気づくことがとても重要なのです。人によって、答えはいろいろあると思います。今まで行ったアンケートの中で多かったのは、次のようなものです。

・言葉

A頑張れたとき：やるぞ／絶好調／たいしたことじゃない／軽い、軽い

B頑張れなかったとき：面白くない／どうでもいい／難しい／やばい

・動作・表情

A頑張れたとき：笑顔／ガッツポーズ／胸を張る／拳をつくる

B頑張れなかったとき：舌打ち／うつむく／キョロキョロ／ため息

・イメージ

A頑張れたとき：みんなが喜んでいる／胴上げ／歓声／成功した自分

B頑張れなかったとき：監督に叱られる／孤独な自分／失敗／敵の勝利

▼LMIで思いにアンカーをかける

このように私たちの心は、言葉や動作・表情、またイメージにひとりでにあらわれます。相手にリードされると「やられた！」という言葉が意識せずに出るし、舌打ちしたり、思わず悔しそうな表情になったりします。勝つイメージが持てなくなり、逆に負けるイメージが自然とわいてきます。

面白いことに、頑張れたとき（A）の言葉、動作・表情、イメージと、頑張れなかったとき（B）の言葉、動作・表情、イメージは、なぜか両立しません。試してみるとよくわかりますが、「もうどうでもいいや」といいながら、ガッツポーズはつくれません。力いっぱい拳を握りながら、「負けちゃった」とも思えない。監督に叱られてうなだれている自分をイメージしているのに、「よっしゃ！　最高だ」とも思えないのです。

それは言葉や動作、イメージがひとつになって、心と強く結びついている証拠です。ですから頭の中で、ただ「頑張ろう」と思うより、ガッツポーズをつくりながら「頑張ろう」と思うほうがずっと強く思えます。さらに声に出してみてください。「頑張るぞ！」。同時にカッコよく頑張るイメージをつけ加えれば、もっと強く思えるはずです。

思いの強さのレベルが上がり、アンカーがかかるのです。

アンカーというのは船の錨《いかり》のことです。メンタルトレーニングでは、すぐ消えてしまう思いを定着させて、グラつかないものにすることを「**アンカーリング**」といいます。

アンカーがかかった思いは、めったに壊れません。絶体絶命のピンチや、またこれまでのあなたなら、「うまくやらなくちゃ」という緊張で頭が真っ白になってしまうような、起死回生のチャンスが訪れた場面でも、ガッツ脳で果敢にチャレンジできます。

——**ガッツ脳 ＝ ガッツ言葉 ＋ 肯定的な動作・表情 ＋ 成功イメージ**

脳への入力が強力になり、催眠術をかけたように揺るがない思いができ上がるのです。別のいい方をすれば、心の底から思い込めるということです。

LMIで心の壁を乗り越える

L（Language）　言葉で「思い」をコントロール

M（Movement）　動作・表情で「思い」をコントロール

I（Image）　イメージで「思い」をコントロール

⇒ アンカーリング ＝ 「思い」を強化

従来のメンタルトレーニングでも、「セルフトーク（言葉）」や「ボディ・ランゲージ（動作・表情）」「イメージング」による、サイキングアップを行ってきました。しかし脳への入力という視点がないために、3つを同時に行う発想にならなかったのです。ブレイン&メンタルトレーニングでは、この3つをあらわす英語の頭文字をとって、「LMI法」と呼んでいます。

今までの体験から、最高にガッツが出せたときを思い出して、自分に最高のガッツを出させるL（言葉）、M（動作・表情・ポーズ）、I（イメージ）を決めてください。たとえば、あるサッカーのプロ選手はLを「今日も絶好調だ！」、Mを「手を2回たたく」、そしてIは「自分の放ったシュートがゴールネットに突き刺さるシーン」と決めています。言葉で「今日も絶好調だ！」といいながら、手を2回たたく。同時にシュートが決まるシーンを思い浮かべます。それを頭と体に覚え込ませるために、毎晩寝る前にそれをトレーニングしています。

メンタルトレーニングも、日々の練習のひとつです。「今晩はいいや」などとサボらず、毎日最低5回は実行してください。それで即座にガッツ脳になる方法が手に入ります。

あなたがガッツ脳になれるL（言葉）は何ですか？

あなたがガッツ脳になれるM（動作・表情・ポーズ）は何ですか？

あなたがガッツ脳になれるI（イメージ）は何ですか？

三気法は3つの段階を経て完璧に仕上がる

この章の終わりに「三気法」をまとめておきましょう。

「三気法」は、心のエネルギーである「気」をコントロールすることで、競技スポーツに必要な最適戦闘状態をつくり出す方法です。それには3つの段階がありました。

▼第1段階 「気」を蓄える

自然や人の「外気」を取り入れ、また自分の「内気」をわき立たせて、心のエネルギーを蓄えていきます。しかし蓄えるにはリラクセーションを行い、忘れる作業が必要でした。

▼第2段階 「気」を練る

蓄えた「気」に形を与え、試合や練習で使える具体的なパワーにするのが、この段階で行う〝詰める〟です。自己イメージや目標達成のイメージ、またピークパフォーマンスのイメージを通して、「気」を具体的なパワーとして練り上げる方法を学びました。自信に裏打ちされた本当のワクワクも、この詰める作業によって生まれるのです。

▼第3段階 「気」を締める

いよいよ本番に向けて、めったなことでは揺るがない、強気の心をつくります。たっぷり蓄えられ、しっかり練り上がった「気」を締めて、爆発力を与えるのがこの段階です。サイキングアップによって気持ちを高めていく方法と、LMI法を使って最高に頑張る「ガッツ脳」になる方法を紹介しました。

繰り返しになりますが、大切なのは「蓄える→練る→締める」という順番です。試合で発揮能力を高めるためにも、練習時の保有能力を大きくするためにも、必ずこの順序に従って「気」をコントロールしてください。

次の章で述べるのはこれの応用編です。実際の試合や、日々の練習で「三気法」をどう使ったらいいかをお話します。

第4章

本番で絶好調になれる 最高のトレーニング

試合中でも心は自由にコントロールできる

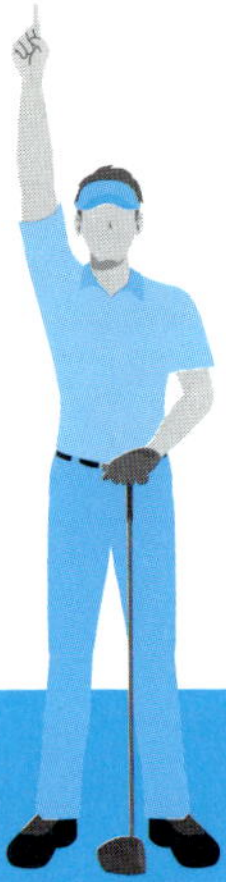

4-1

気を制する者が試合を制する理由

本番ではメンタルの差が勝敗を分ける

BRAIN & MENTAL TRAINING

魔物の正体は「気」だった

「試合場には魔物が住んでいる」とよくいわれます。

勝って当然のチームがあっさり敗退したり、無名のチームが優勝候補からまさかの勝利をもぎ取ったり、あるいは熱の入ったプレーで見る人を感動させた選手が、次の試合では同じ選手とは思えないほどボロボロの試合をして、周囲をガッカリさせる。そんなことが少しも珍しくない競技スポーツでは、グランドやコート、マットには、たしかに恐ろしい魔物が住んでいるように思うことがあります。

その魔物の正体こそ、試合展開を支配する「気」の流れです。

いったいどんなふうに魔物は試合を支配するのか、その例として「ドーハの悲劇」を分析してみましょう。日本サッカー史に残る、ロスタイムでのあの失点。それはワールドカップアメリカ大会・アジア最終予選の締めくくりの試合で起こりました。

そこには、魔物である試合の「気」がじつによくあらわれています。

メンタルが勝敗を決める恐ろしさ

6か国で争われた最終予選の第1戦の相手は、サウジアラビアでした。

この試合には、初戦の硬さが出ています。チーム全体のサイキングアップが万全でなく、「勝たなければ」「うまくやらなければ」という守りの姿勢が随所に目立ちました。スムーズな動きを欠き、その状態を立て直せないまま試合が終わり、結局、引き分けています。原因は、チームの「気」を締めきれなかったことです。

前の試合はすぐ忘れろというのがメンタルトレーニングの鉄則です。しかし日本代表は、前のショックをクリアリングできず、第2戦（対イラン）のピッチに立つことになります。明らかに集中力がなく、勝てるはずの相手に1対2で惜敗。「気」を蓄えられずにのぞんだこの試合が、その後の運命を決めることになります。

そして、迎えた第3戦（対北朝鮮）。第1戦、第2戦と思うように戦えず、勝ち点1しかあげられなかった日本は、窮地に追い込まれました。けれど、ここで〝魔物〟が味方します。追い詰められた人間の「気」は、しばしば奇跡的に高まることがあるのです。日本代表もギリギリの居直りで、「**メンタルヴィゴラス**（驚くべき集中）」と呼んでもいいような、土壇場の集中力を発揮できました。「うまくやらなければ」という気持ちがなくなり、それまでのためらいがウソのように消えて、動きにもキレが見られました。

この充実した「気」を次の試合でも維持し、第4戦（対韓国）も勝利。強敵といわれた韓国を相手に一番集中していたこの試合は、メンタル的にも最高でした。オフェンス、ディフェンス両面できっちり締まった、みごとな試合を展開しています。

しかし、そういう最適戦闘状態を初戦からつくれなければ、世界の強豪を相手にして勝ち抜くことは難しいのです。

強敵に勝利した喜びに、悲劇への伏線が潜んでいました。最終戦の相手はイラクです。韓国より格下との前評価でした。日本のマスコミにも、「出場権を九分九厘手にした」という楽観ムードが漂っていました。強敵に勝利した前の試合、次は、すでに出場枠争いから脱落した格下の相手。そんなケースこそ、選手は前の試合で充実していた「気」が緩み、心にスキが生まれる「**メンタルスペース**」といわれる状態にはまりやすいのです。

試合のほうは、おおかたの予想通り、2対1の日本リードで終盤を迎えます。メンタルスペースに陥っていた日本選手には、早くも安堵感があらわれていました。

けれど終盤は、むしろ押される展開でした。「この1点差を守らなければ」というあせりが出ます。スキのできた心にあせりが生まれれば、私たちの脳は肯定から否定のほうへ、一気に振れてしまいます。経験豊富なラモス選手とカズ選手だけが、チームの「気」を締め直そうと、しきりと大きな声を出していました。

そして、運命の分かれ目となるロスタイム。選手もサポーターも「このままいけ」と、勝利を確信したはずです。ところが終了直前、まさかの失点。目の前にあったワールドカップ出場が消え去った瞬間でした。実際はわずかながらも、まだ時間が残されていたのに、そこで気力が尽きてしまいました。それほど選手たちの「気」は、充実から遠かったのです。「こんなはずじゃなかった」。終了のホイッスルが鳴り、ピッチにへたり込んだ選手たちは、たぶん何が起きたのかわからなかったでしょう。

ある選手は何年か後、親善試合で〝ドーハ〟のイラク選手と再会し、こんな話を聞かされます。「あの試合は、イラクにはどうでもよかった。点を取らなければという気持ちもとくになかった」。そんなモチベーションの低いチームにさえ追いつかれてしまうほど、日本代表の「気」は緩んでいたのです。

魔物はこんなふうに試合を支配しています。試合における「気」の流れ、この魔物を制するのが「三気法」でつくる3つの心（冷静・ワクワク・強気）です。

刻々と変化する試合中にも使える三気法

「三気法」とは、ひと言でいえば、スポーツ選手が自分の心をコントロールする方法です。第3章では、その基本をお話ししました。それを応用し、実際の試合や練習に活かすためのノウハウを、できるだけ実際場面に即しながらお話するのがこの章です。

といっても難しい話ではありません。すでに述べた「三気法」のサイクル、①蓄える→②練る→③締めるという3段階のプロセスを行うだけです。

たとえば、オリンピックの常連選手は、4年をかけてこのサイクルを繰り返します。けれどそのあいだも、年に何度か選手権などの大会が待っています。その試合と試合のあいだ（**ビトウィン・ゲーム**）にも、①蓄える、②練る、③締めるという3段階を踏みながら、試合に向けて最適戦闘状態をつくっていきます。

また、その大会も試合は1回だけではありません。リーグ戦やトーナメント戦では、いくつも試合をこなします。勝ち上がれば、毎日のように試合があり、競技によっては、1

日に何度も対戦しなければならないこともあるでしょう。走り高跳びや棒高跳びのような種目になれば、1時間のあいだに何度も試技するケースが出てきます。

そのたびに、3段階を繰り返しながら「気」を充実させるという基本は同じです。

また試合に入っても、このサイクルは必要です。実際、トップアスリートになると、試合の中でひとつのプレーから次のプレーに移るあいだ（**ビトウィン・プレー**）にも、①蓄える、②練る、③締めるという3段階をほとんど無意識に繰り返しています。

ピンチのとき、桑田選手が手にしたボールに目をやり、独り言をつぶやく姿を思い出してください。「10歩あるくあいだに、イヤなことは忘れる」とタイガーウッズはいっていました。バレーボールなどでは、得失点ごとにハイタッチしたり、互いの体にふれ合ったりしていますが、あれもその一種です。ただそこに、この一瞬で「気」を蓄え、練り、締めるのだという自覚と、そのテクニックがなければ、単なる喜びのシェアや、なぐさめ合いに終わってしまいます。

選手の気持ちは、試合の中で常に変化しています。野球でいえば、一球一球、一打席一打席、みんな気分が違います。その一球一球、一打席一打席ごとに心をコントロールし、最適戦闘状態をつくらなければなりません。それができたとき、魔物のような試合展開の「気」を制することができるのです。

このように「三気法」には、①試合と試合のあいだに行うビトウィンゲームの「三気法」、

②プレーとプレーのあいだに瞬間的に行うビトウィンプレーの「三気法」の2つがあります。どんな試合にも最適戦闘状態でのぞみ、さらに試合中、何があってもその最適戦闘状態を維持する。そういう目的で行うのが、三気法の「インターバルトレーニング」です。

①ビトウィンゲーム（試合と試合のあいだ）…………絶好調で試合にのぞむため
②ビトウィンプレー（プレーとプレーのあいだ）……最高に集中してプレーするため

勝敗の8割は試合前に決まる

ビトウィンゲーム（試合と試合のあいだ）のインターバルを使って行う心のコントロールは、絶好調で次の試合にのぞむために行います。

「勝敗は、試合前に80％決まる」

これは長年、多くの選手やチームを見てきた私の結論です。試合前のコメントや直前の様子を観察できれば、どんなスポーツでも80％の確率で勝敗予想が的中します。

なぜなら選手の言葉や動作、表情には、そのときのメンタル状態が明らかにあらわれるからです。つまりほとんどの試合は、メンタル状態の差で決まるのです。実力伯仲の相手との試合になれば、なおさらその差が決定的なものになります。

その差をつけて試合にのぞむのが、80％をものにする「勝利の方程式」です。

しかしこの勝敗予想は、一般の人には案外難しいでしょう。気合いの入った顔つきをしていても、じつは蓄える、練るが足りず、自信満々の態度は気負いだったり、不安の裏返しだったりします。締めるしか行ってこなかった選手は、ガッツがあるように見えても、意外に粘りがないものです。逆に、一見自信なさそうにうつむいている選手の「気」がすごく充実し、最高の闘志を心に秘めていたりすることもあります。

つまり最適戦闘状態は、試合前のサイキングアップだけではつくれません。蓄える、練るという段階を踏んだうえで、サイキングアップ（締める）を行わなければ、「冷静」「ワクワク」「強気」の3つをそなえた、本当のガッツは生まれません。

いい換えれば、これから試合にのぞむ選手のメンタル状態は、その場のテクニックでどうにかなるものではなく、前の試合が終わった時点から、次の試合直前までにどんな時間を過ごしてきたかで決まるということです。

極端な例をあげれば、それまでまったく練習してこなかった選手が、試合直前のサイキングアップをいくら一生懸命やっても、強気になれず、勝てる気にはなりませんね。メンタルトレーニングも、まったく同じです。そこまでに積んできた、蓄える・練るのトレーニングが、最後の締める段階でものをいうのです。したがって、絶好調で次の試合にのぞむためのメンタルトレーニングは、前の試合が終わったときから始まります。

4-2 前の結果は忘れて絶好調で試合にのぞむ

BRAIN & MENTAL TRAINING

試合が終わったあとにすべきこと

次の試合のための心づくりは、前の試合が終了したときから始まります。

試合が終わって勝利を喜び合ったり、敗退の悔しさをかみしめたりするのは大切なことです。なぜなら悔しさや悲しさなどのマイナス感情は、全部出しきらないといつまでもストレスとして心に残り、次へ進めなくなります。近親者を亡くしたときなど、悲しみを押し殺していると逆に痛手が大きくなり、なかなか立ち直れないといわれますが、それと同じことが起こります。

「もう一歩だった」「力不足だった」あるいは「すべて出しきった」などの気持ちを存分に味わってください。これも一種のクリアリングです。オリンピックなどで実力を出せないまま終わった場合、一晩中泣き明かす女子選手もいます。悲しみを出しきり、心が空っぽになったとき、次の目標への意欲がやってくるのです。

しかしこれは大会レベルの話です。オリンピックや選手権、あるいは季節の大会など、次の大会までのインターバルが長いケースに限られます。

1週間後、あるいは明日には次の試合が待っている場合、悲しんだり喜んだりしている暇はありません。暇がないだけでなく、次の試合の心づくりに悪い影響を与えてしまうのです。

▼負け試合のあと

次の試合が近い場合は、悲しみを味わうより、それを忘れなければなりません。悔しさや悲しみとともに負け試合を思い出していると、脳はどんどん否定的になっていきます。「気」が下がり、その否定的な脳で次の試合を迎えることになります。新しい「気」は蓄えられません。〝ドーハ〟の第1戦を引き分けた日本代表が、勝つ予定だった第2戦でイランに負けたあとに起きたのもそれでした。

「あそこが悪かった」「あのプレーさえなければ」と悔しがり、チームメイトとしゃべり合う。試合後のロッカールームや、帰りのバスでよく見かける光景ですが、失敗したプレーを振り返っていると悪いイメージがどんどん上書きされることになります。悪いプレーを繰り返し脳に刻み込む、最悪の逆メンタルリハーサルになっています。

その結果、「明日はどうだろう」と不安になり、「次こそ絶対に勝たなければいけない」という気負いが生まれ、最も避けるべき過緊張を招きやすいのです。

負けた試合は振り返らない、負けた試合はすぐ忘れる。

これがインターバルトレーニングの第一歩です。

▼勝ち試合のあと

意外に思われるかもしれませんが、勝ち試合も振り返ってはいけません。

勝利の喜びは、むろん悪いものではありません。しかし安心や満足は「気」を浮かせ、「気」の緩みにつながります。〝ドーハ〟の日本チームが、韓国という強敵を倒したあとに陥ったメンタルスペースにはまりやすくなるのです。

チームメイトと、「面白かったなあ」「今日の相手はたいしたことなかった」と、ワイワイやっているうちに、何となく明日もいけそうな、このまま勝てそうな気分になります。しかし明日の相手は、今日の相手と違います。自分たちの体調も違うし、相手は今日の試合をビデオに撮り、動きを研究してくるかもしれません。

勝った試合のあとは、負けた試合以上に用心する必要があるのです。充実した「気」で次の試合にのぞむには、残酷ですが勝ち試合も忘れなければなりません。

▼否定的な思いを素早く消す方法

選手は、負け試合のあとは「ダメだった」という思いにひたりたいものです。勝てば、喜びを反復したくなります。それが人情です。

私どもが指導する際は、帰りのバスでも宿舎でも、「終わった試合のことは思い出すな」「前の試合の話はするな」、また「友だちや家族のなぐさめ、ほめ言葉にも絶対のるな」「マスコミにも気をつけろ」と教えます。

試合後は、成功や失敗が与える雑念をまず消さなければなりません。しかしマイナス感情やマイナスイメージは、なかなか消えてくれません。それをなくすのが一番難しいことであり、スポーツ選手が能力を発揮するうえで最大の難問です。なにしろ眠っていても夢に出てきて、夢の中で最悪のプレーを再現したりするのですから。

では、どうしたらそういう雑念を消せるのでしょうか。

答えはひとつしかありません。「必要な心」と置き換えるのです。パソコンで打ち損じた文字を訂正するときは、そこに正しい文字を上書きすればいいように、「冷静」「ワクワク」「強気」という3つの心をつくればいいのです。なぜなら人間の脳には、矛盾する感情やイメージは両立しないという法則があるからです。

ためしに、エラーした悔しさと、ファインプレーの喜びを同時に思い浮かべてください。どうやってもできませんね。どういうことかというと、肯定的な感情・イメージをつくることが、そのまま否定的な感情・イメージを消すことになるのです。なくそうと努力するときはなくならないものが、それで消えてしまいます。

インターバルトレーニングでは、3つの心をつくる「三気法」全体が、そのまま強力なイレーサー（消しゴム）になります。

ですから、「三気法」のエッセンスをコンパクトにまとめたメソッドのことを、「**クリアリング・イマージュリー**」と呼んでいます。つまりこれをやれば、簡単に雑念のない無心になれるのです。少なくとも無心に一番近いメンタル状態に入れます。

次にクリアリング・イマージュリーのやり方を紹介しましょう。これで、インターバルトレーニングは簡単にマスターできます。

「クリアリング・イマージュリー」で戦う心をつくる

私どもがクリアリング・イマージュリーを指導するときは、イマージュリー用のCDを聞きながらやってもらいます。帰りのバスの中でも、選手はつい今日の試合を振り返ってしまうので、このCDを聞きながらクリアリングを行います。

ここでお話するのは、CDのやり方と同じではありません。というより、CDはそのチームの実情に合わせて、チームごとにつくります。みなさんも以下の説明を参考に、自分用（チーム用）のイマージュリーCDをつくってみるといいでしょう。それほど長い時間はいりません。10分ほどで十分です。

ナレーション：「さあ、静かにリラックスしてください」

まず、忘れる作業です。CDでは、ゆったりとした音楽が流れてきます。癒し系ミュージックや環境音楽がいいでしょう。それを聞きながら、239～240ページにある「ドリカム・ヒーリング」という腹式呼吸をするうちに、だんだんリラックスしてきます。先ほどまでの体の緊張がしだいにほぐれ、心も興奮状態から徐々に落ち着いてくるでしょう。

いろいろな雑念が浮かんでくるかもしれませんが、それをなくそうとせずに、「息を吸うたびに、新鮮な酸素が体のすみずみに入ってくる」「息を吐くたびに、ストレスや疲れが体の外へ出ていく」というように、呼吸や体に意識を向けてください。そうすると負けた悔しさや、勝って有頂天になった気分が少しずつ消えていきます。

もし以下の作業をする時間がなければ、これだけでも前の試合で受けたストレスを消すには、大きな意義があります。

◆

ナレーション：「今日の試合を振り返って、よかったところを思い出しましょう」

心身がリラックスしてきたら、詰める作業に入ります。最初は今日の試合でよかったところ、うまくできたことをイメージングします。これは試合を思い出して、喜びや悔しさを味わうためのものではありません。サイキングアップがうまくいき、非常に気合いが入っていたとか、負ける気がしなかったとか、また体が動いて難しいシュートを決められた、連携プレーの呼吸がピッタリだったなど、負けたゲームにも明日に活かしたいものが必ずあるものです。それをイメージで思い出してください。

どんなイメージングもそうですが、脳をその気にさせるには、できるだけリアルに思い描きます。ボールを蹴る音、そのときの体の感覚、自分の気分、まわりの様子、観客席から聞こえた歓声も、リアルに再現することが大切です。記憶という録画テープを巻き戻してよかったところを確認し、もう一度脳にインプットします。

ナレーション：「次に、今日の試合で悪かったところを思い出しましょう」

選手のみなさんは、あまりやりたくない作業でしょう。しかし悪かったところは、その日のうちに修正しておかなければなりません。

これは後悔したり、残念がったりするのではなく、問題点のチェック、修正のために行うイメージングです。

試合中のその場に戻ったように、リアルにイメージしてください。先ほど失敗したプレーです。相手の「気」にのまれたり、ためらいがあったりして、うまくいかなかったところです。イメージングのメリットは、頭の中ではその修正が簡単にできることです。

ナレーション：「終わってみれば、あそこはああやればよかった、こうやればよかったということがわかりますね。それをイメージで修正しましょう」

記憶のビデオテープに理想的なプレーを録画し直すのです。これをしておかないと明日の試合で同じような場面に遭遇したとき、脳は一瞬で昨日の録画を再生し、そのイメージを実現しようとします。苦手な相手に同じパターンで負けるなどというのは、みんな失敗の録画テープが再生してしまうためです。

試合後の反省会で監督やコーチが悪かった点を指摘するチームもありますが、理屈で反省するだけでは、イメージまでは変わりません。

この修正作業を行うと、頭の中はノーミスの状態になります。今日の失敗に引きずられることなく、明日の試合にのぞめるのです。

◆ナレーション：「頭の中がノーミスになったら、次の試合の予告編をつくりましょう」

これまでの作業で、前の試合のクリアリングはほぼ完成しました。頭の中の雑音が消え、ノーミスの録画もできました。リラクセーションで潜在意識のドアも開いています。ここで終わりではもったいないので、次の試合のメンタルリハーサルもしておきましょう。

ここでは希望に満ちた音楽が流れてきます。その音楽にあわせて、明日の試合を思い描いてください。映画館で次の上映作品の予告編が流されるように、ゲーム展開のポイントをイメージします。予告編には、映画の見どころが集められています。次回作が楽しみになり、ワクワクしてきますね。

試合も同じです。ベストパフォーマンスの心理状態は、「ワクワクしていた」「楽しんでいた」でした。あらかじめ楽しみにしていないと、楽しめないのです。前もってワクワクを仕掛けておくほうが、ワクワクできるのです。

ナレーション：「自分が最高に嬉しくなる場面、チームメイトも喜び、サポーターもみんな大喜びしている場面を想像してください」

ただ順調なだけでは、予告編は面白くありません。映画の予告編も殴られたり、銃を突きつけられたり、失恋のシーンもあるから、余計にワクワクします。窮地に陥った主人公が大活躍でピンチを切り抜け、最後にハッピーエンドを迎える。そのことがわかっているから、ピンチもワクワクできるのです。そのピンチをカッコよく切り抜けるあなたは、最高に輝いているあなたです。

明日の試合の予告編は、こういう声でラストを迎えます。

ナレーション：「さあ、あなたのプレーで勝負を決めてください」

◆

ナレーション：「次の試合に向けてのあなたの決意をいってください」

イマージュリーの最後は、決意で終わります。

たった今、あなたのプレーで勝負が決まりました。サッカーなら、蹴り込んだボールがネットから落ちて、ゴールエリアを転がっています。野球なら、みんなでマウンドに駆け寄り抱き合っています。柔道会場では対戦相手が床に大の字で伸び、天井をにらんだまま悔しがっているかもしれません。観客席からは、ワーッという歓声が聞こえるでしょう。

そのようなイメージをバックに、明日の試合への決意を固めます。

負けゲームのあとなら、「私の力はこんなものじゃない。明日の試合はもらった！」

勝ちゲームのあとは、「私（たち）が目指しているのはナンバー1だ。明日は冷静にいこう。もっともっとうまくできる！」

大切なのはその決意を脳へ入力し、焼きつけるために、はっきり口に出すこと。はじめてのイマージュリーでは、いい言葉が浮かばないかもしれません。しかし慣れてくると、明日の試合に一番ふさわしい言葉が自然と出てくるようになります。映画や本でそういう言葉をふだんから探しておくことも大切です。

負けた試合のあとは心を奮い立たせ、闘志を高めるサイキングアップの言葉。勝った試合のあとで行うイマージュリーでは、いい気になって「気」が浮かないように、冷静さや落ち着きをもたらす言葉を加えるようにしてください。

これが「三気法」をコンパクトにまとめた「クリアリング・イマージュリー」です。試合後のバスの中、あるいは夜寝る前にこれをするだけで、①蓄える、②練る、③締めるという「三気法」の3つの作業が行える仕組みになっています。

つまり、最適戦闘状態に必要な「冷静」「ワクワク」「強気」という3つの心を準備できるのです。

◆

ナレーション：「あなたの決意をチームメイトと語り合ってください」

もし時間的な余裕があれば、今、頭に思い描いた大活躍や、その決意をチームメイトと語り合います。自分の思いを人に伝えると大きなパワーがわいてきます。というのも人間は、自分の言葉と行動を一致させようとする動物です。自分ひとりで思ったことなら、万一できなくても「まあ、いいや」ですみます。しかし、人に伝えた場合はそれではすみません。苦しい状況でもその言葉に責任を持とうとするのです。これもアンカーリングのひとつです。

バスの中であれば隣に座った同士で語り合ってみましょう。「次の試合はこうする」「こうやって活躍する」。注意してほしいのは、何を聞いても否定しないということ。「そんなこと難しいよ」とか、「ムリじゃないの」ではなく、「すごいね。きっとできるよ」「あなたなら間違いなくやれる」と期待感を伝えてください。

最初はちょっと恥ずかしいかもしれません。「一緒に優勝台の上で泣こうよ」「絶対、あなたをフォローするから」。どんなに恥ずかしくても、また難しいと思っても、口から出た言葉は真実になると信じて語り合ってください。

「クリアリング・シート」で決意を新たにする

今、お話した「クリアリング・イマージュリー」では、①蓄える、②練る、③締めるという3段階を、おもに右脳のイメージ機能を使って行いました。

同じことを左脳で行う方法があります。

これには、巻末245ページにある「**クリアリング・シート**」を使います。

①最初に、今回の試合のよかったところ、うまくいったところ、次の試合でも出したいところを思いつく限り書き出します。

②次に、今回の問題点をチェックし、それを書きます。ただし、これも終わった試合の反省ではありません。〝次〟のために必要な分析です。シートに書き出すことで、イマージュリーより客観的に分析できるのです。

③そのうえで、次の試合で成功するための対策、あるいは「自分はこうする」という決意を書き込みます。単なる願望でなく決意ですから、「～をしたい」「～をしよう」ではなく、「～する」と断定的に記入してください。それが次の試合のイメージをつくります。

「心理面」「技術面」「体力面」「生活面」の4つに関して、同様の作業をします。

選手のみなさんには、睡眠前にやってくださいとお願いしています。睡眠中、私たちの脳は1日の出来事を整理し、記憶として定着させるので、1日の最後にこの分析を行いましょう。ラストで「対策・決意」をイメージングすれば、入眠直前に脳がいだいたそのイメージが最も強くインプットされます。夢の中でも今日の最悪のプレーを再現し、うなされたりすることなく、「決意」のイメージに導かれてワクワクできるでしょう。

そして、朝、目覚めれば新しい1日、新しい試合が待っています。

本番前のトレーニング　ビトウィンゲーム②

4-3
準備を万全にして最高のプレーをする

BRAIN & MENTAL TRAINING

試合は〝前夜〟から始まっている

試合は〝開始〟の合図で始まると多くの人が考えています。けれど、開始前に勝敗の80%は決まっています。つまりメンタル的にいえば、開始のホイッスルや「はじめ！」の声を聞く、ずっと前から試合は始まっているのです。

相撲取りは、土俵の上で何度も仕切りを繰り返しながらサイキングアップを行いますが、そこで最適戦闘状態ができるわけではありません。土俵下にいるときも、花道を歩いてくるときも、また支度部屋で出番を待つあいだも、厳しい顔でずっと心のコントロールを行っていますね。その前夜にも、対戦相手のビデオを見て取り口を研究し、「明日はこういこう」「敵は激しく当たってくるから、それをかわして引き落としてやろう」などと、メンタルリハーサルをしているのが優秀な相撲取りです。

じつは、試合は前夜から始まっています。会場入りするときには、心のベースはすでにでき上がっています。だから会場で気合いを入れようとしても、うまく集中力が高まらなかったり、リラックスしようとしても、ますます緊張で体がガチガチになってしまったりするのです。そもそも不安があるとか、「気」が高まりすぎていては、前夜もよく眠れず、万全なコンディションで朝を迎えることはできません。

試合は、前夜から始まっている。これは、決して忘れてはならない重要なことです。

あらかじめ「メンタルナビ」をつくっておく

まだ行ったことのない土地へ行くとき、地図がないと不安になりますね。真っ暗な夜道で迷うかもしれません。人通りのない場所でガス欠になっても、スタンドがどこにあるのかわかりません。正確な地図やナビがあれば、心の負担はずっと少なくなります。

ここでお話する「**メンタルナビ**」は、試合までの心の地図です。そこには、どうしたら最適戦闘状態に自分を持っていけるかがはっきり示されています。

しかし人の心がみんな違うように、そのルートは選手によって違ってきます。心理的なウィークポイントも違います。選手のみなさんが自分で、自分の地図をつくるのです。

メンタルナビは、次の2つに分けることができます。

① 朝起きてから試合会場入りまでのメンタルナビ

② 試合直前のメンタルナビ

前日までにこれをつくっておけば、安心して当日を迎えられます。あとはそのルートをたどっていくだけです。女子バレーボールVプレミアリーグの選手と、サッカーJリーグの選手が作成したプランを例としてあげておきます。

みなさんも巻末にある「メンタルナビ・シート」（246ページ）を使って、心のスケジュールをつくってみてください。

① 朝起きてから試合会場入りまでのメンタルナビ

例を見るとわかるように、「メンタルナビ」といっても難しいものではありません。この簡単なプランが、心のコントロールに大きな力を発揮します。

私たちの心は、ほんのちょっとしたことで乱れます。

たとえば、朝食の席で今日の試合をしつこく心配する家族にイライラしたり、きょうだいのひと言に腹を立てたり、それがもうストレスになり、脳は否定的になりはじめます。これではさわやかな気分で出発できませんね。メンタルナビがあれば、そんなときも心を修正しやすくなります。

この例の女子選手のように、「これじゃ、いけない。朝食はおいしく食べなくちゃ」、靴をはきながらゲームに目を向け、「楽しみだ」と気持ちを切り替えられるのです。

ウォーミングアップのときも同じです。試合を前にした選手は、体のコンディションが心配で、過敏になっています。人間の脳は、放っておくとすぐ悪いことを考えるクセがあります。「今日は体調がよくないなあ」「よく眠れなかったから体のキレがよくない」。それが自己暗示になり、本当に体が動かなくなってきます。

そんなとき、プランにある「体調がすごくよい」「体が軽く、動きやすい」を思い出して、逆の自己暗示をかけます。何度もいうように、脳は自分がいだいたイメージを実現しようとするものです。そのイメージを用意しておくのがメンタルナビです。

ですからメンタルナビは、いい加減につくるのでなく、しっかりイメージしながら作成することが大事です。

朝起きてから試合会場入りまでのメンタルナビの例

●女子バレーボールVプレミアリーグ選手

時間	身体的な準備	精神的な準備
(8:00)	起床	(スッキリ目覚め、気持ちがいい)
(8:10)	散歩または1次ウォーミングアップ	(足の痛みもなく、体もラクだ)
(8:30)	朝食	(おいしく食べられる)
(8:40)	荷物準備	(すべて準備は完了)
(8:50)	自宅(宿舎)出発	(ゲームが楽しみ)
(9:50)	試合会場到着	(すべては今日のためにやってきたんだ)
(10:00)	会場入り	(この会場でプレーできるなんて幸せだ)
(11:00)	ウォーミングアップ開始	(体調がすごくよい)
	ウォーミングアップ最中	(体が軽く、動きやすい)

●サッカーJリーグ選手

時間	身体的な準備	精神的な準備
(6:30)	起床	(体が軽い!)
(7:00)	散歩または1次ウォーミングアップ	(おいしい空気だ)
(7:30)	朝食	(パワーが入ってきたぞ)
(8:40)	荷物準備	(「思い」も一緒にバッグに入れる)
(8:50)	自宅(宿舎)出発	(リラックスしている)
(9:45)	試合会場到着	(おれの会場だ)
(10:00)	試合場入り	(おれにピッタリのピッチだ)
(11:00)	ウォーミングアップ開始	(ワクワクしてきた)
	ウォーミングアップ最中	(キレてる!キレてる!)

②試合直前のメンタルナビ

さて、いよいよ試合開始が目前に迫ってきました。

サイキングアップし、最高に集中して試合場に出ていく。つまり最適戦闘状態の仕上げを行うときです。

競技や種目によって、サイキングアップの方法は違ってきますが、心のつくり方はすべて同じです。

「冷静」「ワクワク」「強気」の３つをそなえて、リラックスしながらも最高に集中した状態になるには、ここでも「三気法」の３段階を行います。

選手のみなさんは、ここまで①蓄える、②練る、③締めるという３つの作業を繰り返し、最適戦闘状態を準備してきました。

ここでもそれをもう一度行って、仕上げを行います。そして、最後にもうひとつつけ加えます。

それが、あらゆるためらいを取り除く「決断」の作業です。これを行って、１００％の戦闘状態で戦場に出ていくのです。

例として示した選手たちのメンタルナビにあるように、最適戦闘状態を仕上げるための「思い」＝言葉を用意しておきましょう。

試合直前のメンタルナビの例

●女子バレーボールVプレミアリーグ選手

時間	身体的な準備	精神的な準備
(13:40)	公式練習開始直前	(やってきたことをすべて出しきる)
(13:50)	サイキングアップ開始直前	(どんどん力があふれてくる)
(13:55)	整列	(私たちは強いのだ)
(14:00)	試合開始	(楽しんでやろう)

●サッカーJリーグ選手

時間	身体的な準備	精神的な準備
(13:40)	公式練習開始直前	(まわりはみんなおれの味方)
(13:50)	サイキングアップ開始直前	(すっごい気合いだ)
(13:55)	整列	(相手が小さく見えるぞ)
(14:00)	試合開始	(さあ!ショータイムだ!!)

冷静：リラックスの感情

例：リラックスしている／落ち着いている／すべての観客はおれの味方だ／笑顔！笑顔！／この緊張感がおれは楽しい

ワクワク：必ず勝てる感情

例：結果がおれには見えている／楽しい／おれはツイてる／力をすべて出しきれる／絶好調だ／試合がおれを待っている

強気：気合いを入れる言葉

例：おれは気合いが入っている／すごい気合いだ／たたきのめしてやる／おれは強い／この試合でおれは死んでもいい、死ねるそして、ベンチを出ていく最後の段階で「決断」を行い、私たちの心に残るためらいや迷い、不安を最終的に取り除き、100％の集中度を完成します。

人間のさまざまな感情の中で、ためらいや迷いを取り除いてくれるのは「自分の力を超えた何かに守られている」という自信です。あるいは、「自分以外の人とつながっている」という確信です。

たとえば、女子バレーボールのVプレミアリーグで、私どもが指導する東レアローズが初のリーグ制覇を成し遂げたとき、決勝戦の相手は強敵デンソーでした。主力の大山加奈選手を故障で欠いた不安なファイナルでしたが、ロッカールームを出て決勝コートに向かう直前、キャプテンの向井久子選手が、円陣を組んだチーム全員に声をかけました。

「とにかく最高のチームになったんだから、何があっても大丈夫！　私はこのチームを愛してる！　みんな愛してるよ！」

この一言ですべてのためらい、迷いが消えて、一気に燃え上がりました。脳を完璧に肯定的にしてしまう名言でした。

ぜひみなさんも、自分やチームのためらい、迷いを取り除く、最後の言葉を探しておきましょう。

決断：何かに守られている感情

例：この試合は～のために頑張る／おれは～に守られている／神さまありがとう／おれには不思議な力がある／最高のチームだ。みんなのために戦う

さあ、これでベストパフォーマンスを発揮するために必要な3つの心がそろい、ためらいや迷いもなくなりました。あとは、全力を尽くすだけです。

目標達成のポーズを決め、勢いよく、あるいは堂々と落ち着き払って、グランドやピッチへ出ていきましょう。

4-4 試合中の心を思い通りにする

本番でのトレーニング　ビトウィンプレー

BRAIN & MENTAL TRAINING

わずかな時間で心を立て直す

人間の心は、みなさんが考える以上に動揺しやすいものです。ちょっとした刺激で、すぐに乱されてしまいます。

これまでのようなトレーニングで、戦いの心をパーフェクトにつくり上げ、自信を持ってのぞんでも、途中でミスや失点があったり、敵が予想よりも強かったりするだけでたちまち崩れてしまうのが最適戦闘状態です。

ときには相手の闘志満々の態度を見て、不安をかき立てられることもあるし、たまたま耳に入った心ないヤジひとつで、もう冷静さをなくす選手もいます。

それはあなたの心が弱いのではなく、人の心とはそういうものと理解しておきましょう。だからこそ、試合中も心をコントロールする技術が必要なのです。

どんな状況でもベストの状態に心をコントロールする。それを可能にするのが、ビトウィンプレー（プレーとプレーのあいだ）のインターバルトレーニングです。

ビトウィンプレーとは、プレーが中断した場面です。前半と後半のハーフタイム、攻守交替、あるいはタイムアウト。もっと短いものでは、ファウルによる競技中断、投球と投球のあいだ、サーブやコーナーキック、フリースローなど試合の中には多くのインターバルがあります。

そういうわずかな時間を利用して心を立て直し、最適戦闘状態を維持するために、このトレーニングを行います。

3秒で心身のコンディションを変える

ここでも基本は、「冷静」「ワクワク」「強気」をつくる「三気法」です。ビトウィンプレー（プレーとプレーのあいだ）のインターバルは、ビトウィンゲーム（試合と試合のあいだ）のそれより、ずっと短いのが特徴です。

たとえば、前の投球でホームランバッターを抑え、「なんだ、たいしたことないぞ」と思ったその「気」の緩みを、次の投球では締め直さなくてはなりません。いい感じで放ったスパイクをブロックされ、一瞬頭にひらめいた「私のスパイクが通用しない！」という弱気も、次のトスが上がるまでに切り替える必要があります。

そういう短いインターバルを利用し、瞬間的に心をチェンジする技を「**3秒ルール**」と呼んでいます。前章で「LMI」について述べましたが、心を切り替える3つの道具（言葉・動作・イメージ）のうち、言葉（L）と動作（M）を使って3秒以内に心をチェンジするのが「3秒ルール」です。なぜイメージ（I）を使わないかというと、イメージを意識的に思い浮かべる暇がないからです。条件づけさえしっかりできていれば、言葉と動作がイメージを自然と運んできます。

では、自分に必要な「3秒ルール」をつくってください。

競技や種目によって、ふさわしい「3秒ルール」は違ってきます。その選手のメンタル的なクセ、落ち込みやすいとか興奮しやすいという個性によっても違います。

ここでは、どんな競技でも利用できる、またどんな選手でも簡単に使える、代表的な「3秒ルール」を紹介しておきましょう。

それは私たちが「**ドリカムポーズ**」と呼んでいるものです。「カームダウン（気を下げ・気を締める）」のドリカムポーズと、「サイキングアップ（気を上げる）」のドリカムポーズがありますから、自分の状態に応じて使い分けてください。

①「カームダウン」のドリカムポーズ

- **優勢やリード、順調が続くとき ……L「まだまだ！」＋M 下唇を噛む**
- **「やった！」と嬉しくなったとき………L「次！次！」＋M 拳を握る**
- **楽観・安心ムードが漂い出す …………L「目指すは№1！」＋M 人指し指を立てる**

②「サイキングアップ」のドリカムポーズ

- **ピンチや危機に陥ったとき………L「面白い！」＋M 親指を立てる**
- **ミスや失敗をしたとき…………L「ナシ！」＋M 指をならす**
- **アクシデントが発生したとき……L「ありがとう」＋M 笑う**

「3秒ルール」で重要なことは、それをルール化しておくことです。つまり、その言葉を口にして動作をしたら、ひとりでにカームダウンでき、サイキングアップできるように、しっかり条件づけしておくことが必要です。

それには常日頃のトレーニングが欠かせません。毎晩寝る前に行うイマージュリーの中で、それを訓練しておいてください。また練習中にもこれを実際に行い、必要な場面ですぐ言葉と動作が出てくるように練習します。

これができるようになれば、試合中に面白いことが起こります。

たとえば、得点を連取されて、落ち込んでいるはずのチームがみんなニコニコしている。親指なんか立てて、自信たっぷりに見える。相手は「すごい余裕だ」と、だんだん不気味になってきます。

そこまでになれば、試合中の心のコントロールはほぼ完璧です。あなたもベストパフォーマンスを発揮できる「優秀な選手」になっているはずです。

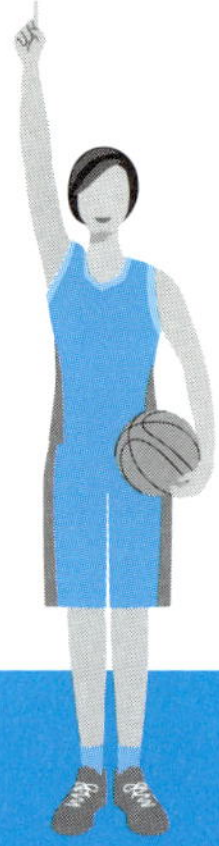

日々の練習におけるトレーニング

4-5 メンタルへの意識が能力を伸ばす

BRAIN & MENTAL TRAINING

毎日の練習にも三気法を活用する

ここまで、試合のためのメンタルトレーニングについてお話してきました。それには2種類のトレーニングがありました。それは、ビトウィングゲーム（試合と試合のあいだ）とビトウィンプレー（試合中）です。どちらも「三気法」を使って、心をコントロールし、試合に必要な最適戦闘状態に入るためのものです。いい換えれば、選手の発揮能力を高め、ベストパフォーマンスを発揮させるのがこれらのインターバルトレーニングです。

従来のメンタルトレーニングは、おもに試合にのぞむ選手の心理的なコンディショニングを行うものでした。しかしそれだけで十分とはいえません。なぜなら選手のメンタル面は試合だけでなく、それ以上に練習で重要な意味を持つからです。着実に実力を伸ばしていけるかどうかは、毎日の練習に取り組む心のあり方にかかっています。

つまり心をコントロールしなければならないのは、本番だけではありません。むしろ毎日の練習、イチロー選手の言葉を借りれば、「つらいし、たいていはつまらないことの繰り返し」である練習でこそ必要になるのです。

ブレイン&メンタルトレーニングの「三気法」は、本番だけを目的にしたテクニックではなく、試合とは別の意味で心のコントロールが難しくなる、日々の練習をより効果的にするために使えるメンタルトレーニングなのです。

練習成果を上げるためのメンタルトレーニング

練習は、毎日のことです。その毎日の積み重ねしか、選手の実力を伸ばせません。しかし、ともすれば慣れのために緊張感が薄れ、「気」が緩みがちです。その結果、パフォーマンスが低下し、十分成果を上げられない練習になっているケースが少なくありません。日々の練習も、試合と同様、真剣勝負です。なにしろそこに選手としてのあなたの未来がすべてかかっているのですから。

前に述べたようにギリギリの最大能力でプレーしたとき、はじめて最大能力のレベルが上がります。余裕を残した練習では、レベルアップにつながりません。最高の集中力を出し、最適戦闘状態の自分で取り組むことが必要です。

最適戦闘状態とは、「冷静」「ワクワク」「強気」の3つがそなわった心でした。この心をつくる「三気法」を日々の練習でも行ってください。

▼練習前のサイキングアップ

試合前は必ずサイキングアップを行うのに、練習前にサイキングアップする選手は、一部の優秀なアスリートを除くとほとんどいません。試合と同じように、練習の前も心づくりが大切です。インターバルトレーニングの「試合直前」で述べた「三気法」を行い、最適戦闘状態で練習に入るようにします。

そこでは4つの言葉を使いましたが、日々の練習の場合は、練習にふさわしい言葉に変えるといいでしょう。

みなさんの練習用のサイキングアップ言葉を決めてください。

冷静：リラックスの感情

例：リラックスしている／落ち着いている／監督もチームメイトもおれの味方だ／笑顔！笑顔！／この緊張感がおれは楽しい

ワクワク：必ず勝てる感情

例：今日の練習は楽しい／また自分を伸ばすことができる／力をすべて出しきれる／絶好調だ

強気：気合いを入れる言葉

例：おれは気合いが入っている／すごい気合いだ／誰にも負けない／おれは強い／この練習で最高の力を見せてやろう

決断：何かに守られている感情

例：この練習は～のために頑張る／おれは～に守られている／神さまありがとう／おれには不思議な力がある／最高のチームだ。最高の練習をしようこういう日々のメンタルトレーニングが、イザ本番でも最適戦闘状態にすんなり入らせてくれることになります。

▼睡眠前のメンタルトレーニング

人間の脳は睡眠中に昼間の出来事を整理し、記憶しようとします。ですから睡眠前に行うメンタルトレーニングは、とても大きな効果を持ちます。

今日のミスは、今日のうちに修正しておかなければなりません。ビトウィンゲームのところでお話した「クリアリング・シート」（245ページ）を使って、その日の練習や練習試合を振り返り、理想のピークパフォーマンスをメンタルリハーサルしておきます。毎晩それだけの作業をするのはたいへんですから、もっと簡略なものでいいでしょう。

それが終わったら、「目標達成のイマージュリー」（241～244ページ）を行ってください。

私たちの脳は忘れやすく、せっかく素晴らしい目標をいだいても、すぐ忘れて現実と妥協しようとします。ですから眠る前の落ち着いた時間を利用して、成功を思い描き、目標達成のイメージを脳に焼きつけるのです。

はっきりいっておきますが、強制がともなう練習場と違い、選手のみなさんが自主的に行う、これらのメンタルトレーニングは面倒です。毎晩行うのはたいへんかもしれません。しかし、これも目標に向かって詰めていく作業のひとつです。そう思ってやっているうちに習慣になり、これをしないと気がすまないようにきっとなります。そうなったとき、「心の力」のすごさに、みなさんはあらためて気づくはずです。

▼練習の一環としてのメンタルトレーニング

２０１０年の花園の高校ラグビー大会には、静岡聖光学院という無名の学校が出場し、注目を浴びました。中高一貫の進学校である静岡聖光学院では、部活の時間が厳しく制限されています。週2日、それも2時間と決められ、そのうち1時間は他の部とグランドを共用しなければなりません。ハンディはそればかりではありません。他の学校は連日、6時間でも7時間でも練習に打ち込める夏休みも、そのほとんど（3週間）は部活動を禁じられます。おそらく日本一練習量の少ないラグビー部でしょう。

その日本一練習時間の短い聖光学院が、静岡県のそうそうたる強豪チームを倒し、花園出場の栄冠を手にしました。決勝戦の相手は東海大翔洋。8年連続優勝という記録を持ち、9連覇を目指していた巨人のような敵を、21－15で下しての勝利でした。

それを可能にしたのがメンタルトレーニングによる詰める作業です。私どもが指導しはじめてから、たった1年しかたっていません。しかしその中で「気」を練り上げた選手たちのパワーは、みごとに大爆発したのです。

こういう例を見れば、大事なのは練習場で過ごす時間ではないことがよくわかります。

目標達成のイメージングで肯定的な脳をつくり、メンタルリハーサルで最高のプレーを脳に刻み込む。そういうメンタル的な練習が、実際の練習に勝るとも劣らない能力を選手たちに与えるのです。

メンタルトレーニングは、練習を補い、その成果を高めるもうひとつの練習です。ただし、一度にまとめて何時間やっても効果はありません。歯磨きと同じように、毎日欠かさず行うことが大切です。1日5分か10分、それだけで大きな力を発揮します。

みなさんはすでにブレイン&メンタルトレーニングのおもなメソッドを学びました。けれど、それを実行しなければ、学ばないのと同じです。もしみなさんが、発揮能力と保有能力の両方をそなえた「優秀な選手」になりたければ、あとは実行あるのみです。

そして、ここに紹介したメソッドは、選手のみなさんが学校を卒業したり、競技生活を引退して一般の社会に出ても、必ずあなたの人生に役立つことを最後につけ加えておきましょう。なぜなら世の中で一番難しいのは、自分の心をコントロールすることです。どんなジャンルでも目標を持ち、「詰める作業」を根気よく続け、さらにイヤな仕事にも根性を発揮して、ここ一番で実力をあらわす。それが成功の秘訣です。

そのためには心のコントロールが絶対に必要になります。みなさんは、そのコントロール法をスポーツの中で身につけていくのです。

巻末資料

メンタルチェック
腹式呼吸法　ドリカム・ヒーリング
目標達成のイマージュリー
クリアリング・シート
メンタルナビ・シート

メンタルチェック

		5点	3点	2点	1点
1	練習のときから、いつも目標を意識しているほうだ	つねにそうである	たまにそうである	あまりない	まったくない
2	将来もこの競技をずっと続けたいと思っている	つねにそうである	たまにそうである	あまりない	まったくない
3	一度目標を決めたら、必ず達成する自信がある	つねにそうである	たまにそうである	あまりない	まったくない
4	自分の力を信じている	つねにそうである	たまにそうである	あまりない	まったくない
5	自分は今の競技・種目に向いていると思っている	つねにそうである	たまにそうである	あまりない	まったくない
6	将来、自分は必ず大物になると思っている	つねにそうである	たまにそうである	あまりない	まったくない

合計　　　点

◉結果

1〜9点	「燃え尽き脳」	はっきりとした目標や自信、将来のビジョンがないため、やる気も出ず、燃え尽きた状態
10〜17点	「やや燃え尽き脳」	目標意識が薄く、自信や将来のビジョンが確固たるものになっていないため、やる気があまり感じられない状態
18〜24点	「もうちょっとでやる気脳」	目標意識も高く、自信や将来のビジョンもそれなりに持っており、やる気になっている状態
25〜30点	「やる気満々脳」	明確な目標や確固たる自信、将来のビジョンがあり、やる気にあふれた状態

資料❷　腹式呼吸法　ドリカム・ヒーリング

ここで紹介するリラクセーションの呼吸法は、気功やヨガでも外気を取り入れ、内気を整える方法として重要なものです。その基本は多くの人が通常行っている胸式呼吸ではなく、腹式呼吸です。

腹式呼吸では鼻から吸い、口から少しずつ息を吐きます。横隔膜を下げて腹をふくらませ、武道などでいわれる「丹田」（へそ下10センチぐらいの下腹部）に空気をためるイメージで息を吸い込んでください。吐くときはその腹をへこませながら、ゆっくり長く吐き出します。はじめて練習する場合は、4秒吸って8秒かけて吐くようにするといいでしょう。目をつむって繰り返すだけで雑念が消えて、脳が変わる感覚を味わえるはずです。

ただ、日本人には腹式呼吸の苦手な人が少なくありません。小学校で習うラジオ体操の深呼吸で、胸式呼吸を覚えてしまうのが一因です。胸式呼吸というのは、リラックスとは反対にストレスを感じているときの呼吸で、人は不安などに襲われると、自然と呼吸が浅く、速くなり、そのときは胸式呼吸になっています。

ストレスを消し去り、心身をリラックスさせるには腹式呼吸が必要なのです。

試合中ピンチで気が動転したようなときも、腹式呼吸を心がけてください。3回ほど行うだけで、もう落ち着きが戻ってきます。余裕があるとき、たとえば試合開始前やメンバーチェンジのときなどは、しっかり腹式呼吸法を行って気負いを除去し、それから気を締め直します。そういう場合は、①まず軽く息を吐く、②2秒で息を吸う、③3秒息を止める、④15秒かけてゆっくり息を吐いていく、これを3回繰り返します。入眠前など普段から練習しておくと、イザという場合にも簡単に、スムーズに行えるようになります。

せっかくリラクセーションの練習をするのですから、そこに自己暗示も加えてみましょう。息を吸うときは、よいものが入ってくるイメージを思い浮かべます。元気とかやる気、勇気、落ち着き、また宇宙に満ちているエネルギーがどんどん全身に入ってくる、そんなイメージで息を吸ってください。

吐くときは、反対に悪いものが出ていきます。不満や迷い、不安、イライラなどが、吐く息とともに出ていく暗示を自分にかけます。「私は強い」「絶好調だ」という強気の暗示にも効果的です。強気の暗示がどうも苦手で、「私は強い」「絶好調だ」などの自己暗示に拒否感のある人でも、この呼吸法と一緒に行うと簡単にできるようになります。

自己暗示とは、自分の脳に対して行う「こう思え」「こういうイメージを持て」という命令です。ストレス状態にあり、否定的になっている脳は暗示の命令もなかなか受け入れませんが、体をリラックスさせながら行うとすんなり受け入れてくれます。

資料③ 目標達成のイマージュリー

明確な目標は、私たちのモチベーションを高め、それを実現するのに必要な心のエネルギーを生み出してくれます。しかし目標を設定するだけでは、まだ遠くに見えるゴールに過ぎません。

言葉で設定した目標をありありとしたイメージに変え、脳に焼きつけるイマージュリーで、そのゴールを目の前に引き寄せるのです。そうするとそのイメージを実現するために、脳は全力で働き出します。

①リラックスする

ラクな姿勢でイスに座り、全身の力を抜いてリラックスします。腹式呼吸を行い、そのリラックスがさらに深まると、だんだん潜在意識のドアが開いてきます。

②目標達成状態をイメージする

リアルなイメージにするために、それを達成した瞬間をできるだけ細部まで思い描きます。試合での勝利であれば、そのときの会場の雰囲気、観客席のざわめきや歓声、自分の感覚までイメージしてください。慣れてくるとその瞬間の空の色、土の匂い、汗にまみれた体に吹く風のさわやかさまで感じられるようになります。

③あなたの成功を喜んでいる人をイメージする

そこにあなたを応援し、あなたの成功を心から祝福してくれる人たちの喜びのイメージを加えてください。あなたを引っ張り上げる成功のイメージがさらに強力になります。チームメイト、監督やコーチの喜んだ顔、また家族や友人が、満面の笑顔であなたの肩をたたき、手を握ってくれるところなどをイメージしましょう。

自分だけを喜ばせるより、自分以外の人を喜ばせようとするときに、人は自分を超えた頑張りを発揮するものです。

④達成のために乗り越えるべき課題・問題点をイメージする

目標は到達点であり、明確な目標設定はそこへ到達するまでのプロセスを明らかにしてくれます。

そのプロセスには、クリアすべき課題、克服すべき問題点が必ずあるはずです。そういう詰める作業のために行うのが課題・問題点のイメージングです。それをしなければ、素晴らしい夢や目標もただのあこがれになってしまいます。目標を実現するためには、今の自分には何が足りないか、どんなことが必要か、また何をしたらいいかを具体的にイメージしましょう。

⑤必ずできるという自己暗示をかける

おそらく目標達成までのプロセスには多くの困難が待ち受けているはずです。素晴らしい目標であればあるほど、その困難も大きくなります。そうでなければ、やりがいもないし、達成したときに味わう喜びもあまり大きくないでしょう。

人はもともと自分に不可能なものを目指そうなどとは思わないものです。ですからあなたの夢は、必ず実現できます。ここで、必ず実現できるという強気の自分になります。「私なら絶対できる」「今の状態に満足する私じゃない」「もっともっとすごい自分を見せてやる」など、強気の自己暗示の言葉を用意しておき、それを少なくとも5回以上、自分に語りかけてください。潜在意識のドアが開いているリラックス状態で、そういう暗示を行うと脳が本気でそれを信じはじめます。

⑥喜んでいる自分をイメージする

目標を達成したとき、心にわいてあふれ出す喜びをイメージします。その喜びには、すでに課題や問題点を乗り越え、苦しさを克服した喜びが加わっています。

④⑤のイメージングを行った今は自信も出てきます。喜びをじっくり、思う存分味わってください。

⑦もう一度、目標達成状態をイメージする

最後に再び、目標達成状態のイメージを脳に焼きつけます。それは最初に行ったときよりも、はるかに強固なイメージになっているでしょう。それによって、目標に対して本当にワクワクした心ができ上がります。

目標達成のイマージュリーは、この7つのステップを踏んで行います。できれば1日が終わり、夜眠る前のゆったりした時間に毎晩行ってください。

こうしてでき上がったイメージが、明日のあなたの思いと行動をしっかり導いてくれるはずです。

クリアリング・シート

試合結果

個人結果

	今回のよかった点	今回の問題点	次回の成功のための対策・決意
心理面			
技術面			
体力面			
生活面			

※まず最初に、よかった点（うまくいったこと・これからも続けていきたいことなど）を考えつく限り、できるだけ多く書き出す。その後に今回の試合の問題点を書き、そして次の試合で成功するための対策と強い決意を書く。

メンタルナビ・シート

時間	身体的な準備	精神的な準備
:	起床	
:	散歩または1次ウォーミングアップ	
:	朝食	
:	荷物準備	
:	宿舎出発	
:	競技会場到着	
:		
:		
:	ウォーミングアップ開始直前	
:	ウォーミングアップ最中	
:	招集	
:		
:	競技開始	

パフォーマンス目標

順位・勝敗

記録・成績

技術

メンタル目標

あとがき

この本をここまで読んでくださったみなさんに質問です。

Q　競技スポーツの選手にとって、最も大切な「心」は何だと思いますか？

いろいろな答えがあると思います。けれどひと言でいえば、「どんなに苦しくても、また何があっても、ひとつのことをやり抜こうとする心」だといえるでしょう。

練習の苦しさに耐えて今の限界を突破し、もっと実力を高めようとするときも、また本番の試合でいかなる状況に追い込まれても最後まであきらめず、猛然と勝ちをつかみ取りにいくときも、必要になるのはこの心です。

日本語では、そういう強靭な意志の力を「精神力」といいます。

では、どうしたらこの精神力を持てるのでしょうか。

昔の剣術家や武術家は、そのためにたいへんな修行を積みました。身も凍るような厳寒の滝に打たれたり、山に独りこもって何年も苦行を続けたり……。しかし脳のメカニズムを利用すれば、人は誰でも簡単に精神力をつけることできます。

どんなに苦しくても、また何があっても、ひとつのことをやり抜こうとする精神力。それは「成功を信じる」ことによって生まれます。自分の成功を信じるからこそ、人はへこたれることなく頑張り続けられるのです。いい換えれば、とてつもない精神力を発揮するのは、自分の成功を信じきっている肯定的な脳です。ですから私は、精神力のことを「**成信力**（成功を信じる力）」と呼んでいます。

しかし成功を信じるのは、そう簡単なことではありません。

なぜならたいていの人間は、自信がないからです。成功を目指しながら、どこかで自分にはムリだろうと考えてしまうのが私たちです。人間にとって、自分を信じ続けることほど難しいことはありません。誰よりも過酷な練習を積んできた世界的なトップアスリートでも、自分が信じられなくなり、スランプに陥ったりします。

オリンピックでメダルを取ったような一流選手でも、ちょっとしたことですぐ自分が信じられなくなり、成信力がなくなってしまうものなのです。

そこで、もう一つの質問です。

Q　自分を信じるには、どうしたらいいでしょうか？

この答えは、ひとつしかありません。

私たちはまわりの人を信じるとき、はじめて自分を信じられるのです。自分のことは信じられないけれど、他人を信じた自分のことは信じられる――これはひとりでは生きられない、人間という動物の感情脳に埋め込まれた法則です。

２００８年、北京オリンピックを間近に控えた女子ソフトボールの上野由岐子選手が、テレビインタビューを受け、そこで1枚の色紙を披露しました。ご覧になった人もいるかと思いますが、そこには「精神力＝成信力」と書かれていました。その意味を問われて、彼女はあの日焼けした顔でにこやかにこう説明しました。

「成功を信じること。チームメイトを信じることが勝利につながるという意味です」

私がはじめて女子ソフトボール日本代表のメンタル指導に行ったとき、選手たちに向かって話したのはこういうことでした。

「人間が一番信じられないのは自分自身だ。しかし私たちの脳は、他人を信じると、また他人に感謝すると、その一番信じられない自分を信じられるようにできている。人を信じ、感謝すれば、どんな苦しみも楽しくなる」

上野選手はその言葉を覚えていてくれたのです。

みなさんも、自分のことは信じきれないかもしれません。この自分が、こんな大きな夢を実現できるなんて、今はあまり実感できないかもしれません。

しかし人のことなら、信じられるはずです。

どうかチームメイトを信じてください。

監督、コーチを信じてください。

さらには家族や友人に感謝してください。

不思議なことに、自分の未来が信じられるようになり、「成信力」がわいてきます。どんなに苦しくても、また何があっても、ひとつのことをやり抜こうとする力がつくのです。

私もまた、みなさんがこの本を活用して「優秀な選手」になり、それぞれの夢を実現していかれるものと信じています。それを信じることが私にパワーを与え、この本を書かせてくれました。読者のみなさんに感謝です。

▼メンタルトレーナーを目指している方へ

本書でご紹介したさまざまな理論やトレーニングは、私たちが研究開発し、スポーツやビジネスをはじめとして、数えきれないほどの実績を生んだ「スーパーブレイントレーニング（ＳＢＴ）」が、そのもととなっています。このＳＢＴの指導は、これまで特別な教育を受けた専門トレーナーが行ってきましたが、さらに多くの方に実践していただくため、公認トレーナーを養成することになり、２０１０年より「ＳＢＴスーパーブレイントレーニング認定講座」（ＪＡＤＡ協会）をスタートしました。興味のある方は、ぜひ公認トレーナーを目指してください。詳しくは、左記ホームページまで。

・ＳＢＴ認定講座ホームページ　http://www.sbt-trainers.com/

著者略歴

西田文郎(にしだ・ふみお)

株式会社サンリ 代表取締役会長
JADA［日本能力開発分析］協会 会長
西田塾 塾長 ／ 西田会 会長

1949年生まれ。

日本におけるメンタルトレーニング研究・指導のパイオニア。

1970年代からスポーツを中心に科学的なメンタルトレーニングの研究を始める。その後、大脳生理学と心理学を利用して脳の機能にアプローチする画期的なノウハウ『スーパーブレイントレーニングシステム（SBT）』を構築し、スポーツやビジネスの分野で驚異的な実績を残している。

とくにスポーツの分野では、女子バスケットボール・シャンソン化粧品のリーグ10連覇やボクシング世界チャンピオン川嶋勝重選手、また北京オリンピック女子ソフトボール金メダル獲得など、多くのトップアスリートの偉業に寄与するほか、高校野球でも指導に入ったいくつもの学校が甲子園で優勝を果たすなど、その実績は枚挙にいとまがない。

また、ビジネスの分野では、『SBT』を実践すると誰もが意欲的になってしまうとともに、指導を受けている組織や個人に大変革が起こって、生産性が飛躍的に向上するため、自身も『能力開発の魔術師』と言われている。とくに、経営者の勉強会として開催している『西田塾』には全国各地の経営者が門下生として参加、毎回キャンセル待ちが出るほど入塾希望者が殺到している。

さらに、2008年春には、「ブレイントレーニング」をより深く学び実践し、世の中の多くの人々を幸福に導くために、通信教育を基本とした『西田会』をスタートさせ、2010年からは「SBT認定講座」を始め、公認トレーナーの育成にも力を注いでいる。

著作に、『No.1理論』『面白いほど成功するツキの大原則』『10人の法則』『かもの法則』（現代書林）、『強運の法則』（日本経営合理化協会出版局）、『ツキの最強法則』（ダイヤモンド社）、『社長になる人はなぜゴルフがうまいのか？』（かんき出版）など多数ある。

西田文郎 公式ウェブサイト　http://nishida-fumio.com/
西田文郎 公式ブログ　http://blog.nishida-fumio.com/
株式会社サンリ ウェブサイト　http://www.sanri.co.jp/
JADA協会 公式ウェブサイト　http://www.sanri.co.jp/jada/
西田塾・日本アホ会 公式ウェブサイト　http://ahokai.com/
西田会 公式ウェブサイト　http://nishidakai.com/

No.1《ナンバーワン》メンタルトレーニング

2010年9月27日　初版第1刷

著　者　西田文郎《にしだふみお》
発行者　坂本桂一
発行所　現代書林
〒162-8515 東京都新宿区弁天町 114-4
TEL 03(3205)8384（代表）
振替 00140-7-42905
http://www.gendaishorin.co.jp
イラスト　中川原透
デザイン　吉﨑広明

印刷・製本　㈱リーブルテック
定価はカバーに表示してあります。

万一、落丁・乱丁のある場合は購入書店名を明記の上、小社営業部までお送りください。

この本に関するご意見・ご感想をメールでお寄せいただく場合は、info@gendaishorin.co.jp まで。

ISBN978-4-7745-1274-7 C0075

10人の法則

西田文郎 著

定価1575円（本体＋税5%）

若き日の著者が人生の師に教わった「10人の法則」。これは、テクニックではなく、生き方です。あなたが大切に思う人、大切にする人が増えるたびに、幸せになる力、成功力が確実に大きくなっていくことを保証します。

オーディオブック

ツキと運がやってくる！ 出会いの成幸法則

西田文郎

聞き手 清水克衛

価格5040円（本体＋税5%）

千人を超える参加者が笑って笑って感動した！〝能力開発の魔術師〟西田文郎先生と日本一ツイてる書店〝ドクスメ〟清水克衛店長の講演がオーディオブック化。脳を最高の状態にする秘訣が対談の中で大公開されています。

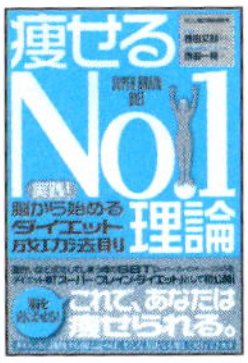

痩せるNo.1理論

西田文郎 監修

西田一見 著

定価1260円（本体＋税5%）

ダイエットも脳でやる！　もしダイエットに失敗し続けているとしたら、脳のソフトが「痩せたくない脳」になっています。本書では、脳を「痩せたくてワクワクしている脳」にするテクニックを大公開しています。

ちょっとアホ！理論

出路雅明 著

定価1575円（本体＋税5%）

倒産寸前のどん底状態だったのに超V字回復できちゃった！　楽しくないことは全部やめて「ちょっとアホ！」になることで、大成功をつかんだ男と、素晴らしき仲間たちの血と汗と涙の、ほぼ真実の成長ストーリー。

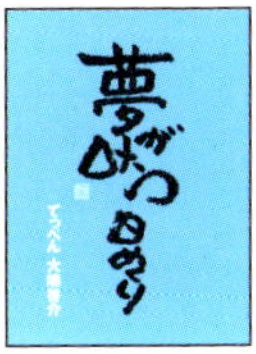

夢が叶う日めくり

大嶋啓介 著

価格1575円（本体＋税5%）

今、日本の飲食業界でもっとも注目を集めている居酒屋「てっぺん」大将、大嶋啓介さんの筆文字が日めくりとなって初登場！　著者が実践している「夢が叶う法則」から32項目を厳選。会社で家庭でめくってください！

夢が叶う夢札

大嶋啓介 著

価格2100円（本体＋税5%）

あの「てっぺん」大嶋啓介さんによるあなたを全力で応援するプラス言葉が36枚の札になって登場!!　言葉が変われば人生が変わります。「夢札」のプラス言葉を使って、本気・元気・やる気をどんどん引き出してください！

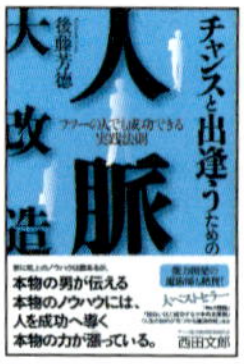

チャンスと出逢うための 人脈大改造

後藤芳徳 著

定価1260円
(本体＋税5%)

チャンスもピンチも人に乗ってやってくる！　いくら頑張っても良いご縁ができないときは別の道を選べというサインです。そんなとき、本書を活用してください。フツーの人でも成功できる実践法則だけを紹介しています。

人間の芯をつくる 本気の子育て

須田達史 著

定価1260円
(本体＋税5%)

元格闘家で格闘技の指導者である著者が、本気全開で熱く語る「愛と勇気のスポ根アニメ風教育法」。親が本気で生きれば、子どもも本気で生きようとします。子どもの「本気脳」を育てる大切なポイント17項目を大公開。

商売はノウハウよりも「人情力」

清水克衛 著
さくらみゆき 絵

定価1575円
(本体＋税5%)

江戸時代も今も変わらない商売繁盛の秘訣は「人情」にあり！　江戸時代の思想家、石田梅岩（ばいがん）さんの教えに学ぶ〝ちょっとおせっかいな働き方〟。この本を読んで実践された方は、儲からないわけがありません！

「ブッダを読む人」は、なぜ繁盛してしまうのか。

清水克衛 著
さくらみゆき 絵

定価1575円
(本体＋税5%)

「ブッダの教え」は商いに役立つ智恵の宝庫です。全国からお客さまがゾクゾクと押し寄せる、日本一ヘンな書店「読書のすすめ」店長が明かす「愛される商い」のヒミツ。商人頭がぐんぐん良くなる25冊の本の紹介つき。

福の神がやってくる！ 大向上札

清水克衛 著
さくらみゆき 絵

価格2100円
(本体＋税5%)

著者渾身の言葉が32枚の札になって登場。この札を使い、プラスの言葉をあなたの魂に染み込ませてください。また、毎日引くと〝心の芯のチューニング〟にも役立ちます。使い方は自由自在。大人数でも楽しんでください。

DVDブック

植松努の特別講演会

きみならできる！「夢」は僕らのロケットエンジン

植松 努

価格4200円
(本体＋税5%)

西田文郎先生、清水克衛氏、出路雅明氏をはじめ、多くの経営者が大絶賛!!　輝きを支えれば人は大きく育つ！「日本一感動的な講演」との呼び声高い、植松努さんの講演がDVDブックとなってついに登場！